Werner Kirchhoff, Victoria Kuhn u.a.

Biker Betten
Motorrad Reisebuch

DEUTSCHE OSTSEEKÜSTE

auf dem Motorrad entdecken

Das Autoren-Team Victoria Kuhn, Isabel Wodrig, Werner Kirchhoff, Dipl. Med. Gabriela Erdmann (oben v.l.n.r.), Peter Zander (Mitte) und Jürgen Grieschat (unten).

Die Ostsee, auf Latein Mare Balticum, in anderen Sprachen auch Baltische See oder Baltisches Meer genannt, ist ein 412 500 Quadratkilometer großes und maximal 450 Meter tiefes Binnenmeer in Europa – und gilt als das größte Brackwassermeer der Welt. Brackwasser hat im Gegensatz zu Salzwasser einen wesentlich geringeren Salzgehalt, ist aber dennoch nicht trinkbar.

Anrainerstaaten der Ostsee sind Deutschland, Dänemark, Schweden, Finnland, Russland, Estland, Lettland, Litauen und Polen.

In den Bundesländern Schleswig-Holstein und auch Mecklenburg-Vorpommern erstreckt sich die deutsche Ostseeküste von der Flensburger Förde im Westen an der Grenze zu Dänemark bis Stralsund mit der vorgelagerten Insel Rügen im Osten, von dort weiter südlich vorbei an Greifswald bis zur Insel Usedom an der Grenze zu Polen. Die Küste wird noch verlängert durch Fehmarn, Poel, Ummanz und Hiddensee als vorgelagerte Inseln und Fischland-Darß-Zingst als ebenfalls vorgelagerte Halbinsel.

Meer und mehr

Die Ostseeküste mit ihren Sandstränden und Steilküsten, Inseln, Förden (durch Gletscherzungen gegrabene schmale Meeresbuchten) und Bodden (durch Inseln oder Landzungen abgetrennte flache Küstengewässer) bietet neben ihrer natürlichen Schönheit ausgezeichnete Badewasserqualität und beste Wassersportmöglichkeiten.

Von mondänen Seebädern mit schicker weißer Bäderarchitektur über beschauliche Fischerdörfer mit reetgedeckten Dächern bis hin zu den historischen Hansestädten mit norddeutscher Backsteingotik wechselt das Bild ständig und bietet für jeden Geschmack etwas.

Zahlreiche Veranstaltungen für die ganze Familie, wie Segelregatten, Festspiele, Shows und Konzerte, laden zum Besuch ein. Maritimes Flair kommt in einer Vielzahl von Sportboot-, Yacht- und Großhäfen, in denen riesige Fracht- und Kreuzfahrtschiffe anlegen, auf.

Wer im Binnenland vor der Küste unterwegs ist, wird zahlreiche Sehenswürdigkeiten wie Museen, Schlösser, Kirchen und Denkmäler entdecken, die spannende Geschichten aus der Vergangenheit erzählen. Die norddeutsche Landschaft lädt dabei zu ausgedehnten Touren ein.

Die etwas anderen Motorradtouren

Schon die Anfahrt zur Ostsee lässt sich je nach Ausgangspunkt und Zielort für den Start der Tour an der Küste sehr abwechslungsreich gestalten und wird für so manchen Neuland sein. Im Osten Deutschlands bieten sich Abstecher nach Tschechien oder Polen an, weiter westlich kann der Weg durch die Mecklenburgische Schweiz, die Elbtalauen oder die Lüneburger Heide führen.

Wirklich Höhenmeter lassen sich dann am Ziel nicht machen, auch Pässe und Serpentinen sind Mangelware. Dafür gibt es Natur pur und das Meer mit schier endlosen Stränden, wo sich gesunde Seeluft schnuppern lässt.

Entlang der Küste gibt es so viel zu sehen, dass manchmal nicht unbedingt Strecke zu machen ist, weil schon wieder ein Leuchtturm oder eine Windmühle zum Fotostopp einlädt oder man gerade am Strand eine Kaffeepause macht.

Falls Inseln gefällig sind, gibt es hier so einige zur Auswahl: Usedom, Rügen, Hiddensee (auto- und motorradfrei), Poel, Fehmarn oder die Halbinsel Fischland-Darß-Zingst haben ihre ganz eigenen Reize und bieten ebenfalls eine Fülle von Sehenswürdigkeiten. Erinnert euch: Nina Hagens „Du hast den Farbfilm vergessen“ handelt am Strand von Hiddensee. Überall lassen sich Rundtouren planen, ob durch die Mecklenburgische Seenplatte oder durch die Holsteinische oder Mecklenburgische Schweiz und besonders auf Rügen oder Usedom.

Wer Zeit hat und weiter will, kann auf seiner Tour nach Dänemark, Polen oder Russland die Ostseeküste als Zwischenstopp einplanen. Zahlreiche Unterkünfte und Campingplätze passen zu den verschiedensten Ansprüchen und Geldbeuteln.

Gute Fahrt und viel Spaß

Bei den intensiven Scouting-Touren zu diesem Reiseführer waren Einheimische dabei, die das eine oder andere von ihrer schönen Heimat selbst noch nicht kannten und neu „erfahren“ haben. Wir bedanken uns an dieser Stelle ganz besonders bei unserem Kieler Freund Norbert Ilchmann sowie bei den beiden Kennern der Lübecker Bucht Horst und Oliver Lipsius für die professionelle Begleitung. Für die seemännische Unterstützung und Beratung geht unser Dank an Merten Wachs, Kapitän und Lotse auf dem Nord-Ostsee-Kanal. Ebenso gilt der Dank unserem ostseekundigen Freund Horst Schaberg aus Flensburg der uns bei der Erarbeitung zur Seite gestanden hat. Ein besonderer Dank an dieser Stelle auch an unsere Fotografen Adrian Röhrdanz und Franz Kirchhoff.

SL54
S04
L

Odense
E20
22
9
Vordingborg
Sønderborg
1
Flensburg
7
Rødbyhavn
E55
Puttgarden
Gedser
E45
3
E47
6
Kiel
2
Neumünster
5
4
Rostock
23
Lübeck
20
Hamburg
Schwerin
19
E26
24
Neubran
1
7
Lüneburg
E55
Wittenberge
E26
24
E45
Stendal

1 FLENSBURGER FÖRDE

2 KIELER BUCHT

3 HOWACHTER BUCHT

4 LÜBECKER BUCHT

5 MECKLENBURGER BUCHT

6 NORDVORPOMMERN

7 INSEL RÜGEN – NORD-WEST

8 INSEL RÜGEN – SÜD-OST

9 POMMERSCHE BUCHT

10 STETTINER HAFF

PALMENGARTEN

Seebrücke **Sellin**

Die Seebrücke in Sellin ist mit ihren 394 Metern nicht nur die längste Seebrücke der Insel, sondern inzwischen auch ein Wahrzeichen Rügens. Die erste Selliner Brücke wurde bereits 1906 eingeweiht und war rund 500 Meter lang. Ende der 1970er Jahre riss man das ohnehin schon schwer beschädigte und nur noch in Teilen erhaltene Bauwerk gänzlich ab. Etwa 20 Jahre nach dem Abriss, am 2. April 1998, wurde die neue Selliner Seebrücke feierlich eröffnet. Seit 2008 befindet sich an ihrem Ende eine Tauchgondel, mit der Besucher Fahrten auf den Meeresgrund erleben können.

GPS 44.382030, 13.697630

Die Kaiserbäder **auf Usedom**

Die drei Seeheilbäder Ahlbeck, Heringsdorf und Bansin standen schon zur Kaiserzeit des ausgehenden 19. Jahrhundert für die Besonderheit des Badeurlaubs. Die Berliner bezeichneten die Insel schon immer gerne als ihre „Badewanne“. So sind es insbesondere die langen, breiten und feinkörnigen Sandstrände dieser drei Orte, die von Bansin über das zentral gelegene Heringsdorf bis nach Ahlbeck reichen, die den Charakter, noch vor den dahinter liegenden Villen, an erster Stelle prägen. Dieser lange und breite Sandstrand führt durchgängig bis ins polnische Swinemünde. Am Heringsdorfer Strand, links der Seebrücke, findet alljährlich im Sommer auf einer 32 Quadratmeter großen LED-Leinwand das „Kaiserbäder Open Air Sommerkino“ statt.

GPS 53.956969, 14.170818

Salondampfer **Alexandra**

Die Alexandra, gebaut im Jahr 1908, ist ein ganz besonderes kulturhistorisches Gut und gleichzeitig das Wahrzeichen Flensburgs. Sie ist das einzige noch seetaugliche, in Betrieb befindliche Passagierdampfschiff Deutschlands. Noch heute, über 100 Jahre nach ihrer Erbauung, kann man auf ihr Fahrten durch die Flensburger Förde erleben. Seit 1982 ist sie als Kulturdenkmal anerkannt und am 26. Oktober 1990 erfolgte ihre Eintragung in das Denkmalbuch Schleswig-Holsteins.

GPS 54.790465, 9.434029

ALEXANDRA

OZEANEUM
Stralsund

Auf der Stralsunder Hafeninsel befindet sich das europaweit beachtete OZEANEUM. Norddeutschlands meistbesuchtes Museum zeigt neben fünf spektakulären Ausstellungen auch 50, teils riesige Aquarien zu den nördlichen Meeren und Humboldt-Pinguine auf der Dachterrasse. Von packenden Jahresthemen bis hin zu Veranstaltungen inmitten der einzigartigen Architektur des Gebäudes gibt es immer etwas Neues zu entdecken. Im größten Aquarium mit 2,6 Millionen Litern schwimmen eindrucksvolle Fischschwärme des Nordatlantiks, die gut drei Meter lange Sandtigerhaidame Niki und Rochen, die ein mystisches Schiffswrack umrunden.

GPS 54.315770, 13.09778

Natur pur – Meer & Küste

Fast 500 Kilometer Küste gibt es am deutschen Festland und 2000 weitere, wenn man die vorgelagerten Inseln und Buchten einbezieht.

Die Ostsee trennt die Skandinavische Halbinsel von den zusammenhängenden Festländern Nord-, Ost- und Mitteleuropas.

Die westlichste Stelle der Ostsee liegt am Westende der Flensburger Förde, die nördlichste an der schwedisch-finnischen Grenze am Bottnischen Meerbusen (etwa 1000 Kilometer nördlich von Stockholm), die östlichste bei St. Petersburg und die südlichste am Südende des Stettiner Haffs.

Die verschiedenen Küstenformen, wie beispielsweise Kliff-, Förden oder Boddenküste, sind das Resultat eiszeitlicher Gletscherbewegungen und nacheiszeitlicher Geländeanhebungen und –absenkungen.

Fast 500 Kilometer Küste gibt es am deutschen Festland und über 2000 Kilometer, wenn man die dazugehörenden vorgelagerten Inseln und Buchten mit einbezieht. Hier laden eine Vielzahl von Badeorten zum Urlauben und Entspannen ein. Wer nicht nur in der Sonne liegen mag, kann historische Städte und Überseehäfen besichtigen.

Ob an Land oder zu Wasser – überall kann man die Seele baumeln lassen

Der Strand Mönkebude am Stettiner Haff (oben).

und dabei die Faszination und Vielfalt der Ostsee genießen.

Mit langen weiße Sandstränden, Naturstränden, Steilküsten und gesunder, pollenarmer Seeluft ist die Ostsee ein Urlaubsparadies für Groß und Klein und bietet mit einem breiten kulturellen Angebot, vielen Sehenswürdigkeiten und verschiedensten Ausflugszielen für jeden etwas.

GESCHICHTLICHES

Vor etwa 12 000 Jahren begann mit dem letzten großen Klimawandel die Geschichte der Ostsee – die bis dahin ein Binnenmeer war – als „Baltischer Eisstausee", der durch das Schmelzwasser der Eiszeitgletscher gespeist wurde.

Rund 2 000 Jahre später lief das Ostseebecken über und riesige Mengen von Süßwasser ergossen sich durch Mittelschweden bis in den Skagerrak. Nachdem der Seespiegel etwa 25 Meter abgesunken war, kam der Süßwasserstrom zum Stillstand. Umgekehrt konnte nun Salzwasser in den Ostseebereich fließen, wodurch das „Yoldia-Meer" (benannt nach einer damals dort lebenden Brackwassermuschel) entstand.

Im weiteren Verlauf entstand die „Ancylus-See", die wiederum als Süßwassersee eine größere Fläche als die heutige Ostsee bedeckte. Mit dem weiter steigenden weltweiten Meeresspiegel drang nun wieder vermehrt Salzwasser durch das Kattegat nach Süden vor und schuf durch den Öresund und den Großen und Kleinen Belt Verbindungswege zur „Ancylus-See", wodurch die heutige Ostsee als Brackwassermeer mit niedrigem Salzgehalt entstand.

Funde von Unterwasserarchäologen geben Hinweise darauf, dass schon vor 6 000 Jahren an den südlichen Ufern der Ostsee gesiedelt wurde.

Von dem Römer Tacitus ist der Name „Mare Suebicum" überliefert. Aus dieser Zeit sind auch Handelswege bekannt, über die als bekanntestes Beispiel der begehrte Bernstein in das Römische Reich exportiert wurde.

Etwa um 700 bestimmten die Wikinger nicht nur mit ihren Raubzügen, sondern

Verliebte müssen am Strand gewesen sein.

auch mit der Schaffung neuer Handelsverbindungen die Geschichte.

Im 13. Jahrhundert entstand aus einem Kaufmannsbund die Hanse, ein niederdeutscher Städtebund, womit ein reger Handel zwischen Nord- und Osteuropa begann.

Zu den wichtigsten Hansestädten an der heutigen deutschen Ostseeküste zählten Lübeck, Wismar, Rostock, Stralsund und Greifswald.

Pause am Hafen der Hansestadt Stralsund.

Mit 70 festen und über 100 locker verbundenen Mitgliedern wurde die Hanse sehr mächtig und brachte viele zu großem Wohlstand.

Noch heute tragen einige ehemalige Hansestädte an der Ostsee den Zusatz „H“ für Hanse, so HRO für Rostock, HST für Stralsund und HWI für Wismar.

Nach Ende des Dreißigjährigen Krieges (1618 – 1648) gehörten Teile des heutigen Mecklenburg-Vorpommerns zum Königreich Schweden, nach dem Großen Nordischen Krieg (1700 – 1721) übernahmen Russland und Preußen die Vorherrschaft an der Ostsee.

Das noch bis zum Beginn des 19. Jahrhunderts fast gänzlich unter dänischer Verwaltung stehende Schleswig-Holstein wurde nach dem Deutsch-Dänischen Krieg 1867 eine preußische Provinz.

Das östlich von Lübeck gelegene Mecklenburg-Vorpommern war bis zur deutschen Wiedervereinigung 1990 Staatsgebiet der DDR und somit für Westbürger über Jahrzehnte nicht zugänglich.

KULINARISCHES

Wer Fisch mag, ist an der Ostsee bestens aufgehoben und wird an einem der vielen kleinen Fischereihäfen seine helle Freude haben. Hier lassen sich, wenn man früh genug da ist, die Fischer bei ihrer Arbeit mit dem täglichen Fang beobachten. Überall an der Küste gibt es frischen Fisch, Aal und was das Meer sonst noch hergibt.

Ein Fischbrötchen, ein Schollenfilet oder Kieler Sprotten bekommt man an Imbissen frisch und zu günstigen

Fischbrötchen sind ein klassischer Ostsee-Imbiss.

Boddenfischer in Lauterbach auf Rügen.

Preisen auf die Hand. Mit dem Weltfischbrötchentag wird seit 2011 immer am ersten Samstag im Mai entlang der Ostseeküste die besondere Bedeutung dieser Spezialitäten gewürdigt.

Wer keinen oder nicht nur Fisch mag, wird nicht verhungern. Die heimische Gastronomie bietet in kulinarischer Vielfalt saisonale Gerichte aus regionalen Produkten. Spezialitäten sind zum Beispiel das besonders aromatische Salzwiesenlamm, Schnüsch – ein Gemüseeintopf mit gerösteten Zwiebeln und wahlweise Speck, Schinken oder Matjes – oder der Zingster Steckrübeneintopf. Auch der Mecklenburger Nackenbraten ist eine Spezialität.

Die süße Fraktion hat ihre Freude an Rügener Apfelkuchen oder einem Sanddorn-Dessert. Auch die Gourmets werden sich wohlfühlen, können sie doch aus einer großen Anzahl preisgekrönter Restaurants wählen.

KLIMA UND WETTER

Die deutsche Ostseeküste liegt in einer gemäßigt maritimen Klimazone mit

Die Deutsche Alleenstraße auf Rügen weiß zu begeistern.

Der weltweit größte Strandkorb befindet sich in Heringsdorf auf der Insel Usedom.

milden Sommern, kühlen Wintern und einem konstanten Wind. Regenfälle verteilen sich über das ganze Jahr; es gibt also keine klassische Regenzeit. Fehmarn, Rügen, Usedom und Hiddensee zählen zu den sonnenreichsten Gebieten.

Die beste Reisezeit, vor allem auch für Motorradfahrer, ist von Mai bis September, die wärmsten Monate sind Juni, Juli und August, wobei es in den Ferien naturgemäß deutlich voller ist.

Wer raueres Klima und kühlere Temperaturen mag, kann natürlich auch ganzjährig Urlaub an der Ostsee machen und zum Beispiel Ostern oder Silvester dort verbringen.

NATIONALPARKS UND NATURSCHUTZGEBIETE

Entlang der deutschen Ostseeküste gibt es für Liebhaber von Naturlandschaften und Schutzgebieten eine Vielzahl von Ausflugszielen. Vor allem Freunde unberührter Natur kommen in diesem Teil Deutschlands auf jeden Fall auf ihre Kosten.

Auch das vor der Küste liegende Binnenland beider Bundesländer gibt zum Thema „Natur" einiges her. Inmitten der Mecklenburgischen Seenplatte liegt der 1990 gegründete Müritz-Nationalpark, der mit einer Fläche von 322 Quadratkilometern der größte in Deutschland ist. Wälder, Seen und Moore sind typisch für diese Landschaft. Es lassen sich Fisch- und Seeadler beobachten, durchziehende Kraniche nutzen ihre Binnenrastplätze.

Die Vorpommersche Boddenlandschaft, die sich im Wesentlichen über Teile von Fischland-Darß-Zingst und Hiddensee erstreckt und auch Rügen tangiert, ist der größte zusammenhängende Nationalpark an der Küste von Mecklenburg-Vorpommern und drittgrößter Deutschlands. Mit allen Land-

und Wasserflächen hat er eine Ausdehnung von 800 Quadratkilometern.

Hunderte Vogelarten halten sich in diesem Nationalpark auf, davon stehen 67, die hier brüten, auf der Roten Liste der gefährdeten Arten. Zwergseeschwalbe, Kreuzkröte und die Kegelrobbe sind nur einige von vielen weiteren Tieren, die in ihrer Art bedroht sind und hier leben. Besondere Pflanzenarten wie Grasnelke, Nelken-Sommerwurz oder auch Wacholder gehören zur vielfältigen Flora.

Der Nationalpark Jasmund auf der Halbinsel Jasmund im Nordosten von Rügen ist mit 30 Quadratkilometern dagegen der kleinste Nationalpark in Deutschland. Am 25. Juni 2011 erkannte die UNESCO hier die wertvollsten alten Buchenwälder Deutschlands als Weltnaturerbe an. Ihren Lebensraum im Nationalpark Jasmund haben unter anderem Seeadler, Wanderfalken, Eisvögel und Mehlschwalben. In den Feuchtgebieten sind seltene Otter, Molche und Frösche zu Hause.

Eine Besonderheit ist die Salzvegetation an der nördlichen Küste. 1986 wurde der Verein Naturpark Holsteinische Schweiz e.V. gegründet. Die im Naturpark liegenden Gemeinden Ostholstein, Plön und Segeberg engagieren sich für dessen Pflege und Schutz.

Der Verein beschäftigt sich unter anderem mit umweltfreundlichem Wasserwandern, ökologischen Badestellen, Naturlehrpfaden oder der Anlage neuer Aussichtsplattformen. Eine weitere Aufgabe ist die Instandhaltung von alten Windmühlen. Seit 2006 betreuen Naturpark-Ranger das Naturschutzgebiet.

Seit 2003 wird im Naturpark Holsteinische Schweiz zudem jährlich ein Naturpark-Tier des Jahres gewählt, unter diesen waren bisher der Fischotter, der Eisvogel, die Ringelnatter und der Rotmilan. ◂

Dreimast-Bramsegelschoner Santa Barbara Anna.

Klassisches Fischerboot vor Anker – Insel Usedom.

BASECAMP
OstseeTourer

Zwischen Deutschland **und Dänemark**

Mit großer Spannung und Vorfreude machen wir uns auf diese erste, westlich gelegenste Tour entlang der Ostsee. Natürlich soll, ja muss, die erste wie später auch die letzte Reise unbedingt einen Besuch beim Nachbarn mit hergeben. Also gleich zwei Gründe sich zu freuen, und zwar auf das nördlichste Ende der deutschen und zugleich das südlichste Ende der dänischen Festlandküste an der Ostsee: die faszinierende Flensburger Förde.

Auf dem Weg nach Sonderburg.

Angenehme Unterkunft in Waabs an der Eckernförder Bucht.

Vom Hotel und Restaurant Mühle in Waabs geht es zunächst entlang der Eckernförder Bucht nach Damp an den Hafen. Dort treffen wir vor dem Hintergrund der großen Reha-Kliniken auf eine wahrlich maritime Kulisse, geschmückt von den Schiffsmasten und Takelagen der vielen Segelboote. Luft, Strand, Sand und Meer werden hier als Gesundbrunnen genutzt. Auch für uns ist dies eine gute Gelegenheit, um eine Zeit zu verweilen.

Vor uns liegt die Schlei, ein von zauberhafter Landschaft gesäumter Meeresarm der Ostsee, der die beiden schleswigschen Landschaften Angeln im Norden und Schwansen im Süden trennt.

Die einzigen noch funktionsfähigen Heringszäune Europas (r. Seite).

AUTOREN-TIPP

Auf dieser Tour passieren wir bereits zwischen Kappeln und Maasholm die **DIE SCHLEI**. Der südlich davon gelegene Teil bis Schleswig ist ebenfalls immer einen Tagesausflug wert. Arnis im Norden, die kleinste Stadt Deutschlands, und Missunde im Süden, der Fährort an der engsten Stelle der Schlei, sind zwei große Highlights für sich. Die gesamte, wunderschöne Region um die Schlei ist seit 2008 als Naturpark anerkannt.

GPS 54.60148, 9.85390

Holzpfähle im Wasser

Die Schlei und ihre Umgebung werden wir jedoch wegen der noch vor uns liegenden Strecke nur an ihrem nördlichen Ende zwischen Kappeln und Maasholm passieren. Nach dem Überqueren der Schleibrücke, einer für die Ostsee typischen Klappbrücke, sind wir auch schon in Kappeln und damit zugleich in Angeln angekommen.

Bei den rechter Hand im Wasser steckenden Holzpfählen, für den Laien wahllos anmutend, handelt es sich um die einzigen noch funktionierenden Heringsfangzäune Europas.

Gleich nach der Brücke trifft man auf einen Fischpavillon: Juttas Bikertreff. Er steht im Museumshafen, in dem viele historische oder nach historischen Plänen neu gebaute Schiffe am Pier liegen. Und da hallt auch schon das kräftige „Moin Moin“ von einem Kutter zu uns herüber – jener Gruß, mit dem man sich hier im Schleswigschen grundsätzlich zu jeder Tageszeit begegnet. Ergo, wer als der Regionkundiger gelten möchte, grüßt ebenso zurück, auch wenn es schon

spät am Abend ist. Wir werden eingeladen, uns eine dieser schönen Schiffe näher anzusehen. Das machen wir gerne. Aber auf den anscheinend obligatorisch angebotenen Rum verzichten wir allerdings dankend.

Zur Schleimündung

Bevor es nun an der Küste weiter längs durch Angeln bis an die Förde gehen soll, so übrigens formuliert der Schleswiger gerne, wollen wir wenigsten auf eine kurze Stippvisite an der Schleimündung nicht verzichten.

Bikertreff am Hafen von Kappeln.

So biegen wir am Wormshöfter Noor kurzerhand ab und gönnen uns den kleinen Südschlenker, um den wunderschönen Fischerort Maasholm

Am Worms-höfter Noor, einer flachen Ausbuchtung der Schlei.

zu besuchen. Entlohnt werden wir sogleich mit einer von reetgedeckten Häusern nahezu gesäumten beschaulichen Ortsdurchfahrt, die an dem sehr natürlich wirkenden Fischereihafen endet. Hier bestimmt, wie bei der ebenfalls ansässigen großen Fischräucherei, schlicht Arbeitsgetriebe die Atmosphäre.

Beliebtes Segelrevier

Aufgrund der traumhaften Region und Lage steht heute der Tourismus an erster Stelle. Das Segeln oder Hochseeangeln sei hierbei nur stellvertretend für vieles andere mehr aufgeführt.

Nach der Einkehr in einer kleinen Bäckerei, oberhalb des Hafens mit einem phantastischen Blick auf Schleimünde bis zum gleichnamigen Leuchtturm, verabschieden wir uns von dieser so traumhaft schönen Landschaft. Wir nehmen Kurs nordwärts, weiter der Küste entlang über Schellrott auf die Nordspitze Geltinger Birk. In dem Naturschutzgebiet

brüten etwa 200 verschiedene Vogelarten. Hier haben wir natürlich nichts verloren, schon gar nicht mit unseren Motorrädern.

Windmühle mit Segeln

Aber halt, westlich davon und zu Nieby gehörend, gibt es noch die Windmühle Charlotte zu sehen. Benannt nach der Oberstallmeisterin Charlotte von Plessen, geborene Herzogin von Mecklenburg, ist diese Windmühle ein echter „Erdholländer" aus dem 19. Jahrhundert. Für Landratten: Damit gemeint ist eine ebenerdig stehende Windmühle, deren Flügel mit Segel versehen sind, die fast bis zum Boden reichen. In Deutschland wird sie daher auch gerne Grundsegler genannt. Kurzum, wir alle sind sehr angetan und begeistert von dieser wunderschön restaurierten Windmühle.

Nahezu unmerklich sind wir damit auch an der Flensburger Förde angekommen, genauer gesagt an der nördlichen Spitze der Außenförde in der Geltinger Bucht. Von hier aus werden wir die Förde nun einmal umrunden. Wir durchfahren Kleinnadelhöft. Danach gehts erst mal runter, direkt ans Wasser zum Strand von Wackerballig.

Am Ende der Außenförde mit Blick auf Dänemark.

Halbinsel Kegnäs

Von hier aus können wir gut aufs gegenüberliegende Dänemark blicken. Vor uns liegt Kegnäs, eine Halbinsel am südlichen Ende der Insel Als. Linker Hand hätten wir in früheren Zeiten sicher auch eines der großen Fährschiffe mit Kurs von Gelting nach Fåborg auf Fyn gesehen.

Nach Beschluss der EU zur Einstellung des zollfreien Warenverkaufs musste die Reederei allerdings Mitte 1999 den regional so beliebten Fährbetrieb mangels Rentabilität aufgeben. Dennoch fahren wir kurz durch Gelting und besuchen den nach wie vor sehr belebten und attraktiven Sport- und Segelboothafen, gleich neben dem mittlerweile größtenteils zurückgebauten Fähranleger Gelting Mole.

Windmühle Charlotte Nieby an der Geltinger Bucht.

Für uns geht es weiter, immer entlang der Außenförde und das ab jetzt meist auf kleinen Provinzstraßen Im kleinen und beschaulichen Norgaardholz werfen wir einen Blick auf den dortigen kleinen Familienstrand, bevor wir gleich einen wohlverdienten Mittagsimbiss direkt an der Förde zu uns nehmen werden. Die Strandterrasse am Campingplatz Langballigau ist dafür genau die richtige Adresse.

Eines muss man den Campern neidlos lassen: Sie suchen sich immer die besten Standorte aus. Oder anders gesagt: Sieht man einen Campingplatz weiß man, dass es sicher schön ist. So kommen wir in den Genuss, unseren Imbiss bei einem großartigen Blick auf die Außenförde einzunehmen.

Ohne Zipfel

Als nächste Station haben wir nun Glückburg auf dem Zettel. Dorthin fahren wir auf direktem Weg und lassen schweren Herzens den in die Innenförde ragenden Zipfel weg: die Halbinsel Holnis mit Bockholm und Schausende. Allein wegen ihrer guten Lagen wäre sie allemal einen Besuch wert. Wer die Zeit hat, kann und sollte

Die Außenförde mit Blick auf das gegenüberliegende Dänemark.

Uferstraße Meierwik vor Solitüde.

hier unbedingt noch einen draufsetzen und bis Holnisspitze rausfahren. Hier befindet man sich dann direkt gegenüber dem dänischen Egernsund.

Das werden wir später noch anfahren, um nicht zuletzt von dort auf Holnis rüber zu blicken. Dies ist auch der Bereich, in dem die Förde einen Knick von 180 Grad macht und in die Innenförde übergeht. Übrigens hatte diese Stelle auf dem Wasser eine eindeutige Kennung durch eine Fahrwassertonne, die regional als „Schwiegermutter" bezeichnet wurde. Heute ersetzt durch einen beleuchteten Stahlpfahl.

Nördlicher als Flensburg

Wir sind in Glücksburg, Deutschlands nördlichster Stadt. Stimmt, ein Blick auf die Karte beweist es tatsächlich: Wir sind nördlich von Flensburg. Das Wahrzeichen der doch eher kleineren Stadt, ist das gleichnamige und weithin bekannte Wasserschloss. Herzog Johann, einer der Söhne von König Christian III, ließ es im 16. Jahrhundert erbauen. Heute ist das prächtige, ringsum großzügig von Wasser umgebene Schloss als Museum für die Öffentlichkeit zugänglich.

So, nun ist es soweit, es heißt aufsitzen: Es geht zum Mittelpunkt unserer Tour. Flensburg, das Tor zum Norden steht auf dem Plan. Wir passieren Meierwik und Solitüde, den früheren Stützpunkt des Flottenkommandos der Bundesmarine. In Flensburg angekommen, halten wir gleich vor dem Bundeskraftfahrtamt. Immer noch an der Innenförde entlang, fah-

In Deutschlands nördlichster Stadt findet sich das Wasserschloss Glücksburg.

Idyllisch schmiegt sich Flensburg an die Förde.

ren wir bis in die Stadt und damit ans Fördenende. Die Stadt Flensburg, die über 400 Jahre lang zum Königreich Dänemark gehörte, ist heute noch von der Vermischung der deutschen und dänischen Kultur geprägt. So gibt es zum Beispiel neben dem Schleswig-Holsteinischen Landestheater und der Niederdeutschen Bühne auch das dänische lille Teater Flensborg. Übrigens, selbst das Wahlrecht berücksichtigt bis heute im Schleswig-Holsteinischen Landtag die dänische Minderheit.

Alexandra ist das einzige noch in Betrieb befindliche, seegehende Passagierdampfschiff Deutschlands.

Zahlreiche Schiffs-Feste

Ein Wahrzeichen der Stadt ist das Nordertor, ein ehemaliges Stadttor, das sich in das historische Stadtbild mit den zahlreichen originalen Gebäuden aus verschiedenen Epochen einfügt. Gelegen in einem der schönsten europäischen Segelgebiete, ist die Schifffahrt in Flensburg allgegenwärtig und wahrlich spürbar. Dies wird auch mit zahlreichen Festen, wie der „Rum-Regatta", dem „Klassiker-Festival", den „Nautics" und dem „Flensburger Dampf-Rundum" gefeiert. Das Flensburger Schifffahrtsmuseum gibt einen Einblick in dieses traditionsreiche Gewerk.

Entlang der Flensburger Innenförde auf dem Weg nach Egernsund.

Für uns geht es weiter um die Förde herum, mit einem kurzen Stopp am prächtigen Passagierdampfschiff Alexandra, einem weiteren Wahrzeichen der Stadt. Danach düsen wir stracks weiter Richtung Grenze. In Dänemark angekommen, gehts gleich wieder runter ans Wasser nach Kollund Mole, mit Blick auf die deutsche Seite.

Nach einem kurzen Stopp am Wasser, vor uns die einsamen, kleinen Fördeinseln, Ochseninseln genannt, geht es weiter, nicht ohne einmal am Hotdoghav zu stoppen, der bei dänischen und deutschen Motorradfahrern gleichermaßen populären Wurstbude, früher als Annies Kiosk bekannt.

Dänische Südküste

Wir folgen immer dem Wasser bis nach Egernsund, das gegenüber Holnis Spitze liegt. Es ist alles sehr beschaulich, ruhig bis einsam, hier drüben an der „Dänischen Südküste". Dennoch lassen wir es uns nicht nehmen, einen Schlenker bis raus an den Hafen nach Sønderborg zu fahren. Hier befinden wir uns dann nahezu direkt gegenüber Gelting und haben damit unsere Förden-Runde zunächst einmal erfolgreich abgeschlossen. Sønderborg gefällt uns sehr gut, der Hafen ist wunderschön.

Hier ist es interessant zuzusehen, wie sich die Klappbrücke öffnet und die vielen Segler und Motorboote durchgelassen werden, die vom kleinen Belt kommend in die Förde möchten – oder umgekehrt von hier aus über den

Zwischen Innen- und Außenförde.

Alsensund in den Belt fahren. Das kleine Hafenstädtchen mit seinem Schloss und den niedlichen Häuschen in der Altstadt hat es uns sehr angetan. Wir haben aber noch einiges vor, und müssen zurück nach Flensburg. So muss diesmal die schnellere Landstraße herhalten und mehr oder weniger transitmäßig überschreiten wir die Grenze nach Deutschland.

Bier und Rum

In Flensburg möchten wir unbedingt noch an der Brauerei und dem historischen Gebäude der Johannsen Rum Manufaktur vorbeifahren, in dem der erste Rum in dem auch als Rumstadt bekannten Flensburg hergestellt wurde.

Über Schleswig geht es nun an die Eckernförder Bucht, direkt an den Hafen. Hier entdecken wir neben den vielen Motorschiffen und Segelyachten ein markantes rundes Backsteinbauwerk, ein ehemaliges, denkmalgeschütztes Getreidesilo von 1931, sowie den nicht weit davon entfernten, ebenfalls denkmalgeschützten Siemsen-

Speicher. Im „Spieker", dem Erdgeschossladen dieses Gebäudes, finden regelmäßig verschiedenste Veranstaltungen statt.

Wir fahren um die Eckernförder Bucht herum und gelangen so, nach einem Tag mannigfacher positiver Eindrücke, an unseren Ausgangspunkt, nach Waabs, zurück. ◂

Am Hafen der dänischen Stadt Sønderborg.

INFOS ZUR TOUR

CHARAKTERISTIK

Wie auch bei unseren anderen Touren an der Ostsee werden wir keine Serpentinen erleben. Auf dem Motorrad die Weite der Felder genießen, die Fernsicht übers Wasser, hier rüber bis nach Dänemark, mit der angenehmen Unterbrechung von kurzen Abschnitten auf landwirtschaftlichen Nebenstrecken, lassen wahrlich maritime Gefühle aufkommen.

STRÄNDE

Neben den Stadtstränden um Flensburg und Glücksburg herum, sind es die bekannten Förden-strände wie **Wackerballig**, **Langballigau** und **Holnis**, die mit ihren unterschiedlichen Charakteren zum Strandurlaub einladen.

ÜBERNACHTUNG

Hotel und Restaurant Waabs Mühle
Mühlenstraße 26, 24369 Waabs
Kleines, privat geführtes Haus mit Restaurant, das aber nicht immer geöffnet hat. Die Motorräder können blickgeschützt hinter dem Gebäude geparkt werden.
www.waabs-muehle.de
GPS 54.53274, 9.97903

Ostsee-Strandhaus Glücksburg-Holnis
An der Promenade 1, 24960 Glücksburg
Kleines Designhotel, direkt am Strand. Kostenfreies Parken direkt am Hotel.
www.ostsee-strandhaus-holnis.de
GPS 54.85939, 9.59231

KOMBINATIONSMÖGLICHKEITEN

An die Tour kann man ganz einfach im Süden Tour 2 anschließen. Dafür muss man lediglich von Eckernförde das kleine Stück bis nach Schwedeneck fahren und schon führt einen Tour 2 nach Kiel oder, in entgegengesetzter Richtung, zum Nord-Ostsee-Kanal.

Nord-Ostsee-Kanal **und Holsteinische Schweiz**

Stadt, Land, Meer, Seen, Wälder, Felder und Kanal wechseln sich bei dieser Tour ab. Dabei wird der Motorradfraktion mit kleinen Schlenkern in das Landesinnere einiges geboten. Gut ausgebaute Straßen lassen sich zügig durchfahren und bieten durchaus auch Kurven. Der Schiffsverkehr an der Kieler Förde oder am Nord-Ostseekanal ist beeindruckend. Für Pausen bieten sich schöne Plätze, manchmal in Kombination mit Bikertreffs, an.

Eisenbahnbrücke über den Nord-Ostsee-Kanal.

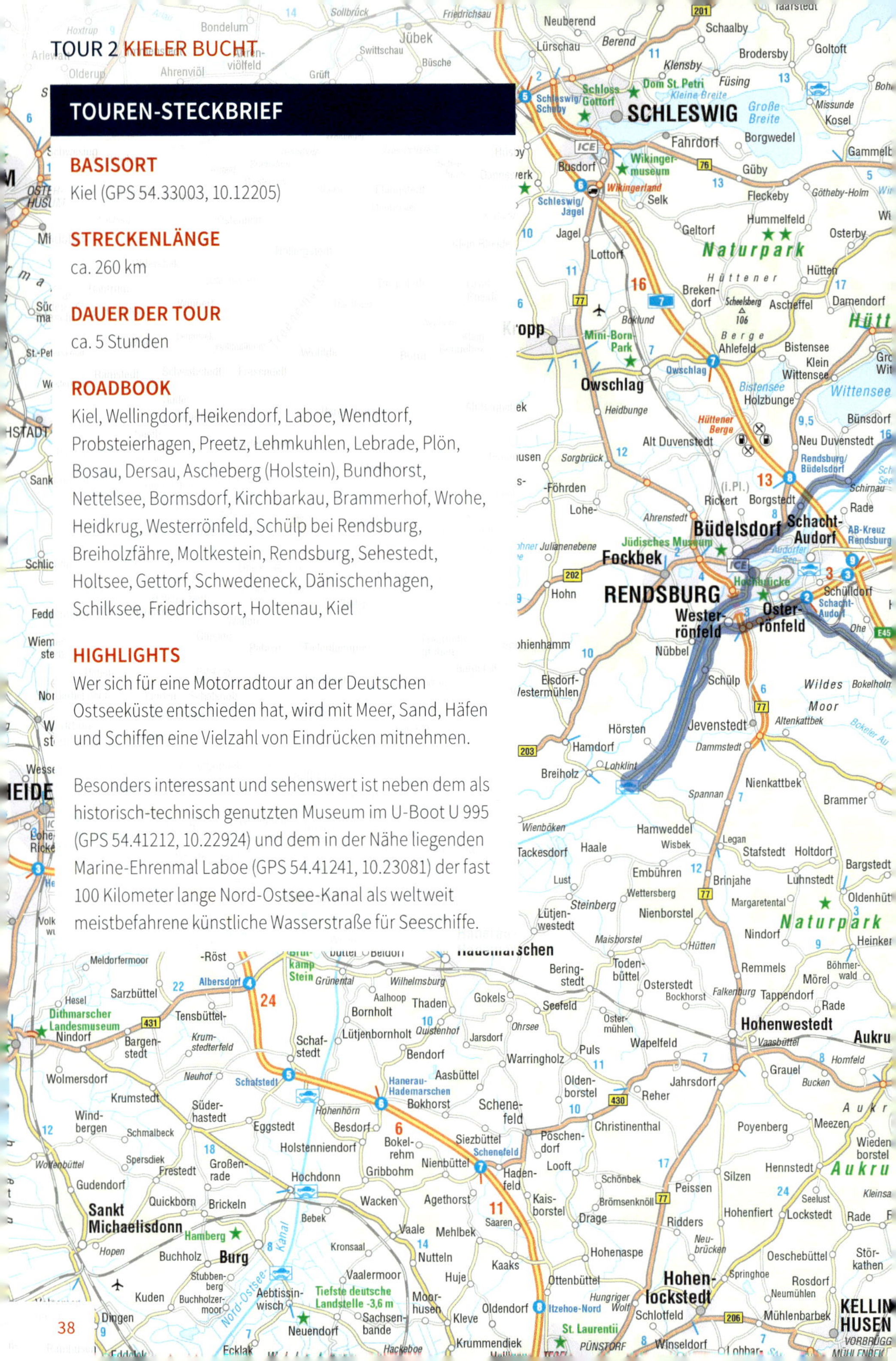

TOUREN-STECKBRIEF

BASISORT

Kiel (GPS 54.33003, 10.12205)

STRECKENLÄNGE

ca. 260 km

DAUER DER TOUR

ca. 5 Stunden

ROADBOOK

Kiel, Wellingdorf, Heikendorf, Laboe, Wendtorf, Probsteierhagen, Preetz, Lehmkuhlen, Lebrade, Plön, Bosau, Dersau, Ascheberg (Holstein), Bundhorst, Nettelsee, Bormsdorf, Kirchbarkau, Brammerhof, Wrohe, Heidkrug, Westerrönfeld, Schülp bei Rendsburg, Breiholzfähre, Moltkestein, Rendsburg, Sehestedt, Holtsee, Gettorf, Schwedeneck, Dänischenhagen, Schilksee, Friedrichsort, Holtenau, Kiel

HIGHLIGHTS

Wer sich für eine Motorradtour an der Deutschen Ostseeküste entschieden hat, wird mit Meer, Sand, Häfen und Schiffen eine Vielzahl von Eindrücken mitnehmen.

Besonders interessant und sehenswert ist neben dem als historisch-technisch genutzten Museum im U-Boot U 995 (GPS 54.41212, 10.22924) und dem in der Nähe liegenden Marine-Ehrenmal Laboe (GPS 54.41241, 10.23081) der fast 100 Kilometer lange Nord-Ostsee-Kanal als weltweit meistbefahrene künstliche Wasserstraße für Seeschiffe.

Kieler Bucht
Eckernförder Bucht
Ostsee-Freizeitpark Booknis
Familie Heide
Gut Ludwigsburg
Gut Karlsminde
Noer
Eckernförde
Dänischer Wohld
Gettorf
Schwedeneck
Dänischenhagen
Altenholz
Strande
Stander Bucht
Bülk
Olympiahafen
Laboe
Marine-Ehrenmal
Stein
Wendtorf
Heidkoppel
Kalifornien
Schönberger Strand
Oase Bonanza
Heidkate
Probstei
Schönberg
Museumseisenbahn
Heikendorf
Mönkeberg
Schönkirchen
Kieler Förde
Flughafen Kiel-Holtenau
Kieler Woche
Kronshagen
KIEL
Schwentinental
Raisdorf
Nord-Ostsee-Kanal
Achterwehr
Melsdorf
AB-Kreuz Kiel West
Westensee
Molfsee
Freilichtmuseum
Flintbek
Selenter See
Selent
Dobersdorfer See
Passader See
Hessenstein
Pilsberg 133
Lammershagen
Rastorf
PREETZ
Kloster
Postsee
Lehmkuhlen
Lebrade
Lanker See
Wahlstorf
Bordesholm
Stiftskirche
AB-Dreieck Bordesholm
Malente
Schloss
PLÖN
Großer Plöner See
Ascheberg
Spitzenort
Seeblick
Bosau
Dersau
Nehmten
Stadtbek
Holsteinische Schweiz
Einfelder See
Wankendorf
Belauer See
Bornhöved
Trappenkamp
Erlebniswald
NEUMÜNSTER
St. Vicelin
Neumünster-Nord
Neumünster-Mitte
Neumünster-Süd
Aalbek
Brokenlande
Boostedt
Rickling
Daldorf
Hamdorf
Schackendorf
Noctalis
Wildpark Eekholt
Halloh
Großenaspe
WAHLSTEDT
BAD SEGEBERG
Segeberger See
Wardersee
Schweiz
Gedenkstätte
Staatsforst

Fischerei- und Yachthafen Möltenort.

Die Tour beginnt im Gebiet der Kieler Universität. Von dort geht es südlich an der Westseite des Hafens, an der Kiellinie entlang, bis Gaarden. Zu Ehren des Reichspräsidenten hieß die Kieler Uferpromenade seit 1933 Hindenburgufer. 1972 wurde, anlässlich der Olympischen Spiele, der südliche Abschnitt in Kiellinie umbenannt. Seit 2014 trägt nun auch der nördliche Teil diese Bezeichnung.

In Gaarden ist das Ende des Hafens, auf dessen Ostseite wir hinauf über Ellerbek, Mönkeberg und Heikendorf nach Laboe fahren. Dort erwarten uns nicht weit voneinander entfernt zwei vielbesuchte Sehenswürdigkeiten. Das Marine-Ehrenmal ist mit seinem 85 Meter hohen Turm, auf dem es eine Aussichtsplattform gibt, eine Gedenkstätte für die auf See Verstorbenen aller Nationen und Mahnmal für eine friedliche Seefahrt auf freien Meeren.

Museales U-Boot

Auf dem Strand liegt das U-Boot U-995, das im Zweiten Weltkrieg eingesetzt war und in den 1950ern unter norwegischer Flagge zur Küstenverteidigung und als Schulboot eingesetzt wurde. Seit 1972 ist es als historisch-

Das Museum U-Boot-Denkmal Laboe, Typ VIIC-U-Boot U 995, erbaut 1943 in Hamburg.

technisches Museum Ziel von jährlich etwa 120 000 Besuchern, denen die beklemmenden Lebensbedingungen der Besatzung und das damalige Grauen vor Augen geführt wird.

Bei unserer geplanten Route für den heutigen Tag reicht die Zeit für Besichtigungen leider nicht, aber in unseren Köpfen ist ein erster Punkt für mögliche nächste Besuche gespeichert.

Eine schöne Strecke führt am Strand entlang nach Stein, von wo wir in südlicher Richtung über Lutterbeck und Prasdorf nach Probsteierhagen fahren. Vorbei am Passader See passieren wir die Orte Tökendorf und Dobersdorf am gleichnamigen See und gelangen über Lilienthal zum Rastorfer Kreuz. Dort, wo B 202 und die L 211 aufeinandertreffen, führt uns unser Weg zum „Rasthuus an't Krüz", das sonntags ein bekannter Bikertreff mit vielen hundert Motorrädern ist.

Nötige Erfrischung

Heute ist Freitag und um die Mittagszeit sind nur einige Stammgäste da. Vielleicht kommen wir beim nächsten Mal an einem Sonntag. Es ist heiß heute, das Thermometer zeigt schon vor Mittag 30 Grad und so ist die Erfri-

Strand von Laboe an der Kieler Förde (oben). Sehenswerte ist Preetz im Kreis Plön.

Bikertreff am Kleinen Plöner See.

schungspause mehr als willkommen. Der nächste Stopp ist wenig später in Preetz, wo wir nur kurz einen Blick in die Fußgängerzone werfen.

Für eine Besichtigung des Klosters, der Stadtkirche und der historischen Häuser kann sich aufgrund der hohen Temperaturen keiner „noch mehr erwärmen". Jetzt nagt doch der Hunger, und alle sind gespannt auf den für die Mittagspause angekündigten idyllischen Platz am Kleinen Plöner See in der Holsteinischen Schweiz. Der Imbiss dort punktet mit seinem großen

Zwischen Plöner- und Westensee.

Im Holsteiner Hinterland, südlich von Kiel.

Parkplatz und Tischen direkt am See und ist mit diesen Voraussetzungen natürlich Bikertreff am Wochenende.

Weithin sichtbares Schloss

Die gefüllten Mägen verlangen bei den hochsommerlichen Temperaturen nach einer Siesta am Seeufer, aber leider drängt wie so oft die Zeit und so drehen sich die Räder eine kurze Strecke weiter zum Schloss Plön am Großen Plöner See. Das im 17. Jahrhundert während des Dreißigjährigen Krieges auf einem Hügel gebaute und schon von weitem sichtbare Schloss ist heute Sitz der Fielmann-Akademie, in der angehende Augenoptiker geschult werden.

Gerne wären wir im Anschluss noch weiter östlich zum Bungsberg, der mit 167 Meter höchsten Stelle der Holsteinischen Schweiz gefahren, aber das ist heute nicht im Plan, mal wieder aufgrund der mangelnden Zeit. Doch auch hier gilt: Wir kommen wieder.

Im Uhrzeigersinn um den Großen Plöner See verläuft die Tour weiter über Stadtheide, Bosau und Dersau bis Ascheberg, von dort weiter über Löp-

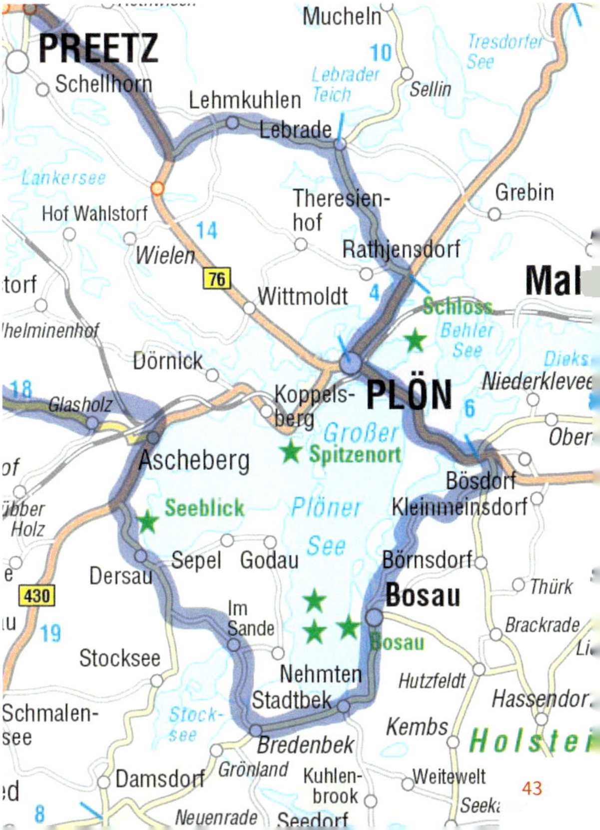

EXTRA-TIPP

Der 380 Quadratmeter große **NATURPARK AUKRUG**, dessen Landschaft von Moränen, Wald, Heide und vielen Teichen geprägt ist, bietet Ruhe und Erholung. Entweder als Zwischenstopp auf einer veränderten Tour oder an einem anderen Tag.

www.naturpark-aukrug.com/startseite.html
GPS 54.08082, 9.78368

tin, Warnau, Kirchbarkau und Schierensee nach Emkendorf.

Wer kurz nach Bosau hineinfährt, findet dort die Vicelin-Kirche St. Petri, die im 12. Jahrhundert aus Feldsteinen erbaut wurde. Sollte jemand auf Freiersfüßen wandeln, kann er zwischen Stadtheide und Bosau in östlicher Richtung auf der B 76 einen Abstecher nach Dodau machen. Dort steht die Bräutigamseiche, ein Baum mit eigener Postanschrift, an die Heiratswillige schreiben können. Die deponierten Briefe können von jedermann entnommen und gelesen werden. In unserer Gruppe hatte diesmal niemand Bedarf.

Längste Wasserstraße

Eher selten genossen wir bisher schattige Waldgebiete, meist führte die Strecke unter fast tropischer Sonne an Weizen-, Mais- und Gemüsefeldern vorbei. So ist uns der Halt am Gut Emkendorf, einer der schönsten Hofanlagen Schleswig-Holsteins mit einem 1730 erbauten Herrenhaus, mehr als willkommen. Im Schatten der Hofgebäude wird uns dann so richtig klar, wie wertvoll, erfrischend und lecker Wasser sein kann.

Halbwegs erfrischt und etwas heruntergekühlt, werden schnell die wenigen Kilometer in Richtung Osterrönfeld zurückgelegt. Hier kommen wir zum ersten Mal auf dieser Tour

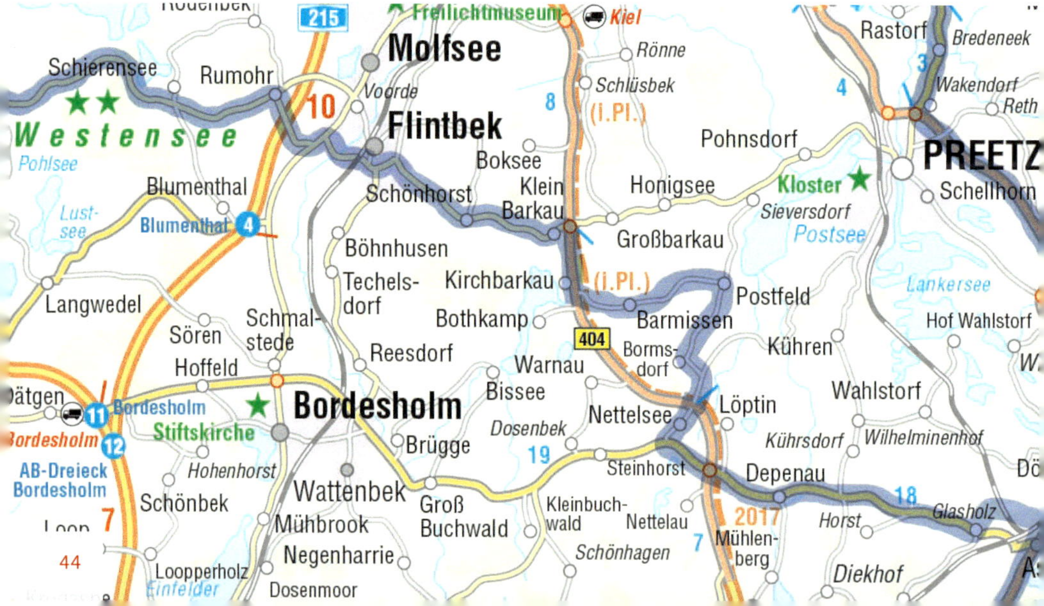

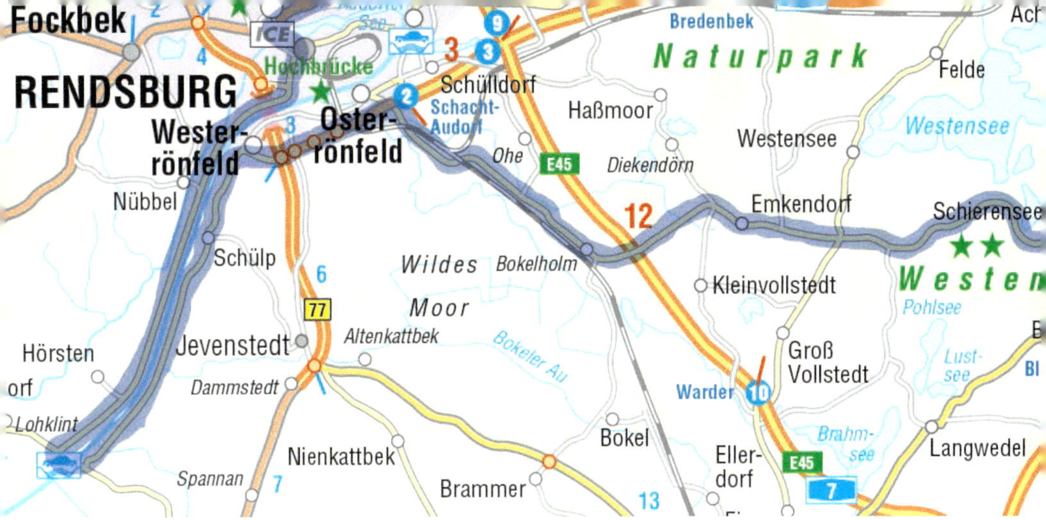

an den Nord-Ostsee-Kanal. Diese fast 100 Kilometer lange, künstliche Wasserstraße verbindet die Nordsee von der Elbmündung mit der Ostsee in der Kieler Förde. Sie ist eine der am meisten von Seeschiffen befahrenen Wasserstraße der Welt. Deshalb kann man hier immer wieder einen Blick auf beeindruckende Schiffe erhaschen.

Über den Nord-Ostsee-Kanal nach Rendsburg führt von Osterrönfeld aus eine in den Jahren 1911 bis 1913 gebaute Eisenbahnhochbrücke, an der bis 2015 eine Schwebefähre hing, die nach dem Unfall mit einem Frachter demontiert werden musste und bis heute nicht wieder in Betrieb genommen werden konnte.

Mit der Fähre Stralsund über den Kanal.

Wer den Kanal unterirdisch queren will, kann den nur wenige Meter entfernten Fußgängertunnel nutzen. Er wurde in den Jahren 1962 bis 1965 erbaut, ist 130 Meter lang, hat einen Durchmesser von 4,50 Metern und liegt 21,47 Meter unter Normalnull. Südlich entlang des Kanals über Westerrönfeld bietet sich in Schülp direkt am Ufer ein Halteplatz mit Bänken im Schatten an.

Tolle Frachtschiffe

Ohne die Uhr im Nacken können wir hier in Ruhe einige beeindruckende Frachter, für die kein Weitwinkelobjektiv ausreicht, vorbeifahren sehen. Wir folgen dem Kanal weiter bis

Schiffsverkehr auf der Wasserstraße.

Gut Emkendorf ist ein im Privatbesitz befindliches Herrenhaus.

zur Breiholzfähre und fahren mit dieser auf die andere Seite.

Längste Sitzbank

Wieder entlang des Kanals, diesmal in nördlicher Richtung, passieren wir Rendsburg. Auf die schöne Altstadt und viele Sehenswürdigkeiten, wie zum Beispiel die längste Sitzbank der Welt, müssen wir heute verzichten, da wir nicht zu spät zurück nach Kiel kommen wollen.

Bei Sehestedt verlassen wir den Nord-Ostsee-Kanal wieder und fahren landeinwärts nach Holtsee, welches wir aber nur am südlichen Rand passieren. Die weitere Route bringt uns nach Gettorf, wo wir schon von Weitem die Gettorfer Mühle, eines der Wahrzeichen der Gemeinde, ent-

Eckernförder Bucht bei Schwedeneck, zwischen Land und Wasser.

decken. Die Windmühle wurde 1869 erbaut und ist heute Sitz der örtlichen Bücherei.

Neben der Mühle befinden sich das Heimatmuseum und das Rathaus. Außerdem wird sie vom Standesamt Dänischer Wohld als Hochzeitsmühle genutzt. Darüber hinaus ist Gettorf für seinen Tierpark bekannt. Auf dessen Gelände befindet sich auch „das verrückte Haus“, das optisch wirklich eigenartig ist, schließlich handelt es sich um ein auf dem Kopf stehendes Einfamilienhaus.

Nun macht unsere Tour einen Schlenker Richtung Norden und so erreichen wir Schwedeneck an der Eckernförder Bucht. Von hier aus machen wir uns auf den Weg zurück nach Kiel, welches wir nun also aus nördlicher Richtung anfahren.

Die Bundesmarine im Stützpunkt Kiel-Wik.

Kiels Olympiazentrum

Mit Beginn der Kieler Förde erreichen wir als erstes den Kieler Stadtteil Schilksee, der einzige, der an die offene Ostsee grenzt. Berühmt ist Schilksee für das Olympiazentrum, welches anlässlich der Olympischen Spiele 1972 erbaut und Austragungsort der Segelwettbewerbe wurde.

Weiter geht es über Friedrichsort und um den Flughafen Kiel-Holtenau herum nach Holtenau. Wahrzeichen dieses Kieler Stadtteils ist der Leuchtturm auf dem Tiessenkai.

Erneut überqueren wir den Nord-Ostsee-Kanal und befinden uns dann schon wieder auf dem Weg zu unserem Ausgangsort. Kurz vor Schluss bietet sich hier noch ein Besuch des Heimathafens der Gorch Fock II, dem berühmten deutschen Segelschulschiff, an. ◂

INFOS ZUR TOUR

CHARAKTERISTIK

Die Tour ist leicht zu fahren und führt über lange Strecken durch landwirtschaftlich genutzte Flächen mit Getreide- und Gemüsefeldern. Kurze Waldabschnitte und der Blick auf eine Reihe von Seen bringen Abwechslung und laden zu schattigen Pausen ein.
Bei dem Abstecher in die Holsteinische Schweiz fallen sofort die leicht hügelige Landschaft und etwas kurvenreichere Strecken auf.
Die Wege entlang des Kieler Hafens, der Kieler Förde und des Nord-Ostsee-Kanals sowie der kurze Abschnitt entlang der Küste vermitteln ein maritimes Gefühl.

STRÄNDE

Zu den bekannten und namhafteren zählen hier insbesondere die direkt an der Kieler Bucht liegenden Strände, wie **Laboe** und **Schwedeneck**. Aber auch direkt an der Kieler Förde sind mit **Möltenort** oder **Mönkeberg** und dem **Hasselfelder Strand** sowie dem von **Schilksee** ausreichend Sandplätze für Sonnenhungrige vorhanden.

ÜBERNACHTUNG

B&B Hotel Kiel-Wissenschaftspark
Fraunhoferstraße, 3 24118 Kiel
Sauberes, einfaches Hotel, besonders für Kurzreisende, im Universitätsviertel in Kiel. Allerdings ohne eigenen Parkplatz. Die Motorräder müssen an der Straße geparkt werden.
www.hotelbb.de/de/kiel-wissenschaftspark
GPS 54.34166, 10.12532

KOMBINATIONSMÖGLICHKEITEN

Diese Tour lässt sich sehr gut mit der zweiten „Kiel-Tour“ (Tour 3) verbinden, die ab Dobersdorf nach Hohwacht und weiter auf die Insel Fehmarn führt. Über Eutin stößt man dann unterhalb von Stadtheide wieder auf die geplante Route dieser Tour. Oder man fährt ab Gettorf oder Schwedeneck um die Eckernförder Bucht in die Namensgebende Stadt und nimmt dann einen Teil von Tour 1 mit.

Sailing City

Kiel ist die Landeshauptstadt von Schleswig-Holstein und liegt als nördlichste Großstadt Deutschlands am südlichsten Ende der Kieler Förde, wo sie auch Endpunkt des Nord-Ostsee-Kanals, der meistbefahrenen künstlichen Wasserstraße der Welt ist.

Kieler Woche ist eine jährlich stattfindende Segelregatta.

Gegründet wurde die Stadt Kiel als Holstenstadt tom Kyle – und zwar im 13. Jahrhundert von Adolf IV. Graf zu Schauenburg und Holstein. 1283 erfolgte der Beitritt zur Hanse, in der sich Kiel aber nur selten an gemeinsamen Aktivitäten beteiligte und entsprechende Handelsvorteile kaum nutzte. 1554 schloss man sie aus der Hanse aus, unter anderem wegen des Vorwurfs, Piraten beherbergt zu haben.

Geldgeschäfte der Kaufleute und des Adels waren seit dem 15. Jahrhundert von viel größerer wirtschaftlicher Bedeutung. Einmal jährlich reisten dafür Teilnehmer aus dem ganzen Land an. In Erinnerung an diesen mittelalterlichen Freimarkt (Kieler Umschlag) wird seit 1975 jedes Jahr das gleichnamige Volksfest gefeiert.

Heute hat Kiel etwa 250 000 Einwohner und ist einer der bedeutendsten Wirtschaftsstandorte Deutschlands. An den drei Hochschulen, der Christian-Albrechts-Universität, der Fachhochschule und der Muthesius Kunsthochschule lernen über 25 000 Studenten.

Die Traditionsvereine THW Kiel im Handball und Holstein Kiel im Fußball sind weitbekannt. Die „Echten Kieler Sprotten", eine Fischspezialität, stammen ebenfalls aus dem Großraum der Kieler Bucht.

Kiel erstreckt sich hufeisenförmig um den Naturhafen Kieler Förde als einem der wichtigsten Seehäfen der Ostsee. Schilksee im Norden liegt an der offenen Ostsee. Die Wasserscheide zwischen Nord- und Ostsee verläuft durch die Stadt, im Stadtteil Kiel-Holtenau befinden sich die Schleusen zur Kieler Förde. Nach Osten hin schließt sich die Holsteinische Schweiz an.

Die Tradition der Schifffahrt wird im **SCHIFFFAHRTSMUSEUM** an der Kieler Förde und mit historischen Segelschiffen im **GERMANIAHAFEN** ausgestellt.

Das **MARINE EHRENMAL LABOE** und das **MUSEUM IM U-BOOT U995** erinnern an den 1. und 2. Weltkrieg.

Heute gibt es eine Vielzahl von Kais, Häfen und Terminals zur Abfertigung von Fracht- und Fährschiffen, darüber hinaus ist Kiel ein Stützpunkt der **DEUTSCHEN MARINE**.

Die ThyssenKrupp Marine Systems ist die größte deutsche Werft und spezialisiert auf den Bau von U-Booten und Marineschiffen.

DAS ANGEBOT FÜR KIEL-TOURISTEN ist vielfältig und lohnt nicht nur einen Besuch. Holstenstraße, Holstentörn und Holtenauer Straße sind nur einige von vielen Einkaufsmeilen, Galerien oder Fußgängerzonen, die zum Einkaufsbummel einladen.

Der Rathausturm, die Nikolaikirche, Museen, Parks, Opernhaus, Theater, Hafenanlagen u.v.m. decken ein breites Interessenspektrum ab und werden viele Gäste schon den nächsten Kieltrip planen lassen.

Gastronomische- und Übernachtungsangebote sind zahlreich und in jeder Preisklasse zu finden. Wer es besonders naturnah mag, kann sogar einen Platz im Schlafstrandkorb buchen.

Als Highlight findet jährlich in der letzten vollen Juniwoche die **KIELER WOCHE** statt, die als eines der größten Segelsportereignisse der Welt gilt.

DIE TOURISMUSZENTRALE befindet sich in der Andreas-Gayk-Straße 31 in 24103 Kiel und hält ein umfangreiches Informationsangebot bereit, das man unter **info@kiel-sailing-city.de** auch vorab per E-Mail erfragen kann.

www.kiel-tourist.de

Fehmarn und **Holsteinische Schweiz**

Auf den ersten Blick nicht so schnell zu überschauen ist das System der Buchten der deutschen Ostseeküste. Doch es ist im Grunde ganz einfach, denn neben den vielen kleinen Buchten und Förden, gibt es übergreifend nur die drei Großen: im Westen die Kieler, in der Mitte die Mecklenburger und im Osten die Pommersche Bucht. Mit unserer dritten Küstentour an der Kieler Bucht touren wir – nach der Flensburger- und Kieler Förde – nun entlang der Hohwachter Bucht bis zur Insel Fehmarn und komplettieren damit diesen großen westlichen Küstenabschnitt.

Der Marktplatz von Eutin mit der sehenswerten St. Michaelis Kirche.

TOUREN-STECKBRIEF

BASISORT (GPS 54.33003, 10.12205)

STRECKENLÄNGE
ca. 263 km

DAUER DER TOUR
ca. 5 Stunden

ROADBOOK
Kiel, Schönkirchen, Dobersdorf, Schlesen, Giekau, Satjendorf, Behrendorf (Ostsee), Hohwacht, Weißenhäuser Strand, Oldenburg in Holstein, Heiligenhafen, Burg auf Fehmarn, Burgtiefe, Burg auf Fehmarn, Puttgarden, Gammendorf, Altenteil, Dänschendorf, Schlagsdorf, Petersdorf, Lemkenhafen, Westerbergen, Großenbrode, Neukirchen, Oldenburg in Holstein, Lensahn, Schönwalde am Bungsberg, Nüchel, Sielbeck, Eutin, Plön, Wakendorf, Schwentinental, Kiel

HIGHLIGHTS
Der nördlichste und zugleich höchste Punkt unserer Tour wird seinem Namen gerecht, denn die Insel Fehmarn (GPS 54.4727, 11.13258) entpuppt sich als ein wahres Highlight. Allein die Überfahrt über die deutschlandweit bekannte und imposante Brücke (GPS 54.40133, 11.11221) ist ein Höhepunkt für sich. Das soll aber unsere Erlebnisse an der Hohwachter Bucht, die auf unserem Weg wie eingebettet liegt, nicht schlechter abschneiden lassen.

Lolland
Bagenkop
Vognsbjerg
Keldsnor Fyr
Gulstav
Keldsnor
Dovnsklint
Næsby Strand
Husby
Stødby
Korterup
Hoby
Hobyskov
Maglehøj Strand
Pilehave
Glukse
Tirsted Kirke
Magleskov Huse
Langholm
Hummingen
Hummingen Camping
Kramnitse
Tjørnebjerg
Bredfjed Strand
Bredfjed
Rødby
Rødbyhavn Strand
Femern
DANMARK
DEUTSCHLAND
Fehmarnbelt
Fehmarn
FEHMARN
Am Niobe
Niobe-Denkmal
Westermarkelsdorf
Nördl. Binnensee
Altenteil
Wenkendorf
Schlagsdorf
Gammendorf
Puttgarden
Südermühle
Dänschendorf
Todendorf
Wallnau
Petersdorf
Lemkendorf
Hinrichsdorf
Presen
Wasservogelreservat Wallnau
Bisdorf
Bannesdorf
Sulsdorf
Landkirchen
Niendorf
Flüggerteich
Flügge
Mühlenmuseum
Gahlendorf
Orth
Burg auf Fehmarn
Lemkenhafen
Burgstaaken
Meeschendorf
Gold
Sahrensdorf
Insel-Camp Fehmarn
Orther Reede
Blieschendorf
Avendorf
Burger Binnensee
Strukkamphuk
Fehmarnsund
Südstrand
Staberhuk
Wulfener Hals
Fehmarnsundbrücke
Fehmarnsund
Heiligenhafen
Graswarder
HEILIGENHAFEN
Großenbrode
Johannistal
Dazendorf
Lütjenbrode
Klaustorf
Seekamp
Sütel
Neuratjensdorf
Wandelwitz
Georgenhof
Gremersdorf
Neukirchen
Sperrgebiet
Altgalendorf
Kröß
Jahnshof
Seegalendorf
Michaelisdorf
Ersthausen
Weißenhäuser Strand
Triangel
Wessek
Heringsdorf
Weißenhaus
OLDENBURG i. Holst.
Siggen
Farve
Rellin
Göhl
Wallmuseum
Süssau
Quals
Wangels
Lübbersdorf
Rosenfelde
Augustenhof
Grammdorf
Hansühn
Einhaus
Sipsdorf
Testorf
Harmsdorf
Damlos
Koselau
Riepsdorf
Grube
Gruberdieken
Dahme
Dahmeshöved
Neutestorf
Karlshof
Museumshof
Petersdorf
Rethwisch
Lensahn
Kabelhorst
Manhagen
Grönwohldshorst
Vogelsang
Kellenhusen
Cismar
Kloster
Schönwalde am Bungsberg
Vogelsang
Beschendorf
Rotenhuse
Hobstin
Marxdorf
Nienhagen
Porta del Sol
Klein Schlamin
Bentfeld
Lenste
Lensterstrand
Camping Mare
Grömitzerhagen
Brenkenhagen
Woldmorgen
Grömitz
Stolpe
Mühlenkamp
Gut Hasselburg
Hasselburg
Schashagen
Albertsdorf
Altenkrempe
Beusloe
Bliesdorf
Kagelbusch
Sierhagen
Merkendorf
Brodau
NEUSTADT i. Holstein
Rettin
Neustadt i. Holst.
Pelzerhaken
Wintershagen
Neustädter Bucht
Hansa-Park
Sierksdorf
Haffkrug
Scharbeutz
Lübecker Bucht
Ostseetherme
Timmendorfer Strand
Mecklenburger Bucht
Süsel
Middelburg
Ottendorf (Holstein)
Ekelsdorf
Pönitz
Gleschendorf
Schürsdorf
Wulfsdorf
Havekost
Barghorst
Klenzau
Gothendorf
Barkauer See
Barkau
Schwienkuhlen
Diestelkamp
Steenrade
Siblin
Holstendorf
Flachsröste
Neuglasau
Glasau
Großmeinsdorf
Bockholt
Fassensdorf
Röbel
Vinzier
Pfunkau
Griebel
Gamal
Sibbersdorf
Kasseedorf
Sagau
Fissau
Uklei
Eutiner See
EUTIN
Neudorf
Schloss Eutin
St. Michaelis
Naturpark Holsteinische Schweiz
Kirchnüchel
Bergfeld
Freudenholm
Neu-harmhorst
Bungsberg 168
Altharmhorst
Sieversdorf
Malente
Sielbeck
Kellersee
An der Schwentine
Prinzenholz
Bad Malente-Gremsmühlen
Dieksee
Niederkleveez
Oberkleveez
Neversfelde
Grebin
PLÖN
Schloss
Behler See
Bösdorf
Kleinmeinsdorf
Börnsdorf
Bosau
Thürk
Steindamm
Braak
Brackrade
Liensfeld
Hutzfeldt
Hassendorf
Windberg
Kembs
Holsteinische
Weitewelt
Seekamp
Berlin
Blomnath
Kamp
Kattenberg
Gödenstätt
Gowens
Kletkamp
Högsdorf
Dannau
Engelau
Rantzau
Tresdorfer See
Sellin
Lammershagen
Bellin
Gottesgabe
Helmstorf
Frederikental
LÜTJENBURG
Bleken-dorf
Nessendorf
Barensdorf
Rathlau
Hasenberg
Döhnsdorf
Hochparcours
Schöning
Hohwacht
Großer Binnensee
Lippe
Behrensdorf
Panker
Pilsberg 133
Friedrichshof
Darry
Nienthal
Klamp
Giekau
Hessenstein
Tröndel
Schwartbuck
Hohenfelde
Grünberg
Schmoel
Todendorf
Hohwachter Bucht
Dransau
Selent
Schönberger Strand
Mecklenburger Bucht

Aus Kiel heraus lassen wir es uns natürlich nicht nehmen, auch heute entlang des Ostseekais zu fahren. Gibt es etwas Neues zu sehen? Kreuzfahrer, Fähren oder Segelschiffe? Ja, es gibt etwas: Die Lady MSC Divina liegt an der Pier. Alles andere wirkt dagegen klein, selbst das Riesengebäude der Reederei Stena Line scheint ein kleiner Pappkarton zu sein. Die Kieler, so scheint es, müssen gar nicht weg von zu Hause, um die Luft der großen weiten Welt zu schnuppern.

Die Welt besucht Kiel. Mal sehen, was heute Abend da liegt, wenn wir zurückkommen.

Künstliche Wasserstraße

Noch etwas Wissenswertes, bevor wir die nördlichste Großstadt Deutschlands verlassen: Kiel bildet den Endpunkt des Nord-Ostsee-Kanals, der meistbefahrenen künst-

Ein Kreuzfahrer der MSC Cruises am Ostseekai.

St. Nikolai ist das älteste Gebäude von Kiel.

lichen Wasserstraße der Welt. Nach wie vor bestimmt hier der Schiffsbau das Wirtschaftsleben, insbesondere durch die „ThyssenKrupp Marine Systems GmbH".

Wie ein Hufeisen schmiegt sich die Stadt um ihre Förde. Mit seinem nordwestlich gelegenen Stadtteil Schilksee liegt Kiel an der offenen Ostsee. Gegenüber im Osten der Förde grenzt die Stadt an die Holsteinische Schweiz, die wir am Ende auch noch durchfahren werden. Auf der Seite liegt auch der Ostuferhafen, von dem aus die Schiffe der DFDS Kiel mit Klaipeda in Litauen verbinden und so den Fahrweg ins Baltikum deutlich verkürzen. Über die Landesgrenzen hinaus ist Kiel für eines der größten Volksfeste des Nordens bekannt: die Kieler Woche.

Einen Halt wert ist der Strand Lütjenburg in Hohwacht.

Idylle pur am Selenter See.

Leicht nordöstlich ziehen wir diesmal unsere Bahn in Richtung Hohwachter Bucht. Wir haben dem Navi einige kleine Straßen vorgegeben und es führt uns auf eindrucksvollen Strecken auf die Halbinsel Wagrien. Ihr Name geht auf den gleichnamigen slawischen Stamm zurück, der hier einst lebte. In Oldenburg in Holstein befindet sich auch noch der Wall der Wagrier-Burg.

Halt am Badestrand

Wir passieren mit dem Dobersdorfer See den ersten einer Vielzahl von Seen, die diese Landschaft prägen. Dann erreichen wir den Selenter See. Bei unserem Stopp an einem kleinen Badestrand werden wir darauf angesprochen, dass wir doch bitte keine Werbung für diesen Ort machen sollten, damit er weiterhin so ruhig bleibt. Nein, erklären wir, das machen wir nicht. Es ist tatsächlich eine wunderschöne Stelle mit wenig Andrang. Kaum zu glauben, dass es sowas hier im Hinterland noch gibt. Damit sind die Befürchtungen nachvollziehbar, diesen fast geheimen Platz zu verlieren.

Mit Spannung fiebern wir aber jetzt schon wieder der Küste entgegen. Die Region hier ist bekannt für ihre Strände an der Hohwachter Bucht von Behrensdorf bis Sehlendorf. Auf einem großen Parkplatz direkt hinter den

Strandkörbe prägen die Atmosphäre an der Hohwachter Bucht.

Dünen lässt uns der dort zuständige Parkplatzwächter kostenfrei für ein paar Fotos halt machen. Ein wahrlich wunderschöner Strand, der, wie sich bestätigt, nicht umsonst so bekannt ist. Mit dem Besuch an der kleinen Seebrücke und einem Kaffee auf der Terrasse des direkt an der Düne gelegenen Restaurants „Haus am Meer“ nehmen wir Abschied von diesem schönen Teilstück der Hohwachter Bucht.

Kleiner Strandspaziergang

Jetzt wollen wir natürlich unbedingt noch den nordöstlicheren Abschnitt mit dem Weißenhäuser Strand erkunden. In Weißenhaus angekommen, haben wir uns hier zunächst ein bisschen durchzufriemeln, aber am Ende finden wir uns zurecht und können einen wunderschönen Strandspaziergang genießen. Spürbar stehen hier der Ferienpark und die Campinganlagen sehr im Vordergrund.

Für uns geht es weiter, zunächst etwas östlich, sozusagen in die Hauptstadt der Halbinsel: nach Oldenburg in Holstein. Das durchqueren wir allerdings zügig und nehmen Kurs Nord auf Heiligenhafen. Auf diesen maritimen Ort kurz vor dem Fehmarnsund freuen wir uns besonders. Nachdem wir die große Marina mit ihren scheinbar unzählig vielen Segel- und Motoryachten bestaunt haben, halten wir uns einige Zeit am gegenüber liegenden Yacht- und Fischereihafen auf. Von hier aus haben wir einen

AUTOREN-TIPP

Eigenwillig, lustig und trotzdem schön: Ganz oben im Norden von Kiel, schon nördlich von Laboe, kann man sich unter dem Ortsschild von **KALIFORNIEN** (GPS 54.42789, 10.3704) und **BRASILIEN** (GPS 54.42496, 10.38547) fotografieren lassen. Mit und eigentlich nur durch ihre klangvollen Namen haben es beide Dörfer zu Ruhm und Anerkennung gebracht. Dasselbe gilt auch für den Ort **BALI** (GPS 54.2866, 10.30274), der südlich unserer Tour liegt, unweit vom Dobersdorfer See. Südlich vom Großen Plöner See liegt auch der Ort **WEITEWELT**, den man ohne Visum locker durchqueren kann (GPS 54.061577, 10.444477) – Auch von Tour 2 gut erreichbar.

ausgezeichneten Blick auf die Landzunge Graswarder, die zusammen mit dem westlich gelegenen Teil, dem Steinwarder, eine Halbinsel bildet. Auf dieser wiederum befindet sich ein 230 Hektar großes Naturschutzgebiet.

Alle fiebern schon dem nächsten großen Abschnitt entgegen: Jetzt heißt es, auf die so bekannte Insel und vielleicht noch bekanntere Fehmarnsund Brücke zu fahren. Die kombinierte Straßen- und Eisenbahnbrücke wurde 1963 erbaut und überspannt den fast eineinhalb Kilometer breiten Fehmarnsund. Einheimische nennen sie aufgrund ihrer Bauweise gerne auch „Kleiderbügel“.

Fliegende Wohnwagen

Bei Starkwind oder stärkeren Windböen wird die Brücke für den Verkehr gesperrt. Aufgrund der geografischen Lage ist das häufiger der Fall. Da entsprechende Verkehrsdurchsagen über Radio in der ganzen Republik gesendet werden, ist sie schon allein deswegen auch im Süden bekannt. Weil heute kein Sturm herrscht, haben wir auch keine Bedenken. Erst wenn der erste Wohnwagen zu fliegen beginnt, sollte man die Fehmarnsundbrücke tunlichst meiden, so sagen wir hier im Norden. Am Rande erwähnt: Die Erfahrung um die Windanfällig-

Treffpunkt Fischhalle direkt an der Hafenkante von Heiligenhafen.

Die Fehmarnsundbrücke verbindet Fehmarn mit dem Festland.

keit wurde beim Bau der 2007 fertig gestellten, viel größeren und längeren Rügenbrücke mitberücksichtigt und mithin hört man von dieser bis heute auch nie eine Sturmwarnung.

Zurück zu Fehmarn, sie ist nach Rügen und Usedom die drittgrößte deutsche Insel. 1968 wurden hier Teile des Spielfilms „Morgens um sieben ist die Welt noch in Ordnung" gedreht. Die Insel ist jedoch vor allem durch den Tourismus bekannt und geprägt und sie ist ein ganz besonderes und beliebtes Ziel in der Surferwelt.

Auf Fehmarn begeben wir uns auf einen schönen Rundkurs und sind dabei sehr begeistert vom Südstrand, dem wohl schönsten Badestrand der

Fehmarn-Piraten grüßen kurz vor der Fähre am Hotel Dania.

Insel. Sehr unkompliziert und unkonventionell ist dieser zu erreichen und ebenso unkompliziert strahlt er mit einem einladenden Flair auf seine Besucher.

Großes Surffestival

Nicht weit davon, auf der anderen Seite des Burger Binnensees, liegt das Surferparadies Wulfen. Unter Surfern eine Adresse, die man kennen muss. Jährlich findet hier an Christi Himmelfahrt ein großes Surffestival statt. Nur schwer eisen wir uns von dem bunten Bild der vielen sportlich engagierten jungen Leute auf dem leicht silbrig flimmernden Ostseewasser los.

Besonders gut schneidet natürlich auch Puttgarden ab mit seinen gleich am Ortseingang grüßenden gewaltigen Windrädern und dem großen Fähranleger der Fährverbindung Rødby – Puttgarden. Bekannt wurde Puttgarden besonders im Zuge der „Vogelfluglinie", der direkten Straßen- und Bahnverbindung zwischen Hamburg und Kopenhagen, die hier zu dem eben erwähnten Fährhafen führt.

Aufgrund ihrer überschaubaren Größe bekommt man schnell das Gefühl vermittelt, mit dem man eine Insel schlechthin verbindet: nämlich dem, sich zwischen Land und Wasser aufzuhalten. Die einzelnen Ortschaften zu besuchen, ergibt natürlich

Besuch am Surferparadies Wulfener Hals.

Ein kurzes Stück Natur mit mit leuchtenden Sonnenblumen bei Dobersdorf.

dann Sinn, wenn man ohnehin auf der Insel zumindest eine Übernachtung gebucht hat. Hier seien die Ortschaften Burg auf Fehmarn, Petersdorf und nicht zuletzt das kleine Orth genannt.

Sightseeing in Oldenburg

Zurück geht es dann wieder über die Fehmarnsundbrücke und weiter über Neukirchen ins holsteinische Oldenburg, welches wir erneut lediglich durchfahren. Wer sich jedoch interessiert und die Zeit mitbringt, dem seien hier zwei Oldenburger Sehenswürdigkeiten mit auf den Weg gegeben. Zum einen der mitten in der Innenstadt gelegene, bereits erwähnte Wall, der heute zu den bedeutendsten Bodendenkmalen Schleswig-Holsteins zählt und zum anderen das für sein Gebiet führende Wallmuseum mit den Grabungsfunden aus der slawischen Epoche des Mittelalters.

Wir halten uns nun für den Rückweg zunächst weiter südlich und fahren Richtung Lensahn, bevor es für den Heimweg natürlich naheliegend ist, die Holsteinische Schweiz zu passieren und dabei gleich den Kellersee mitzunehmen. Geprägt von mehreren klei-

nen Buchten und vielen Kohlfeldern, besticht hier die landschaftliche Schönheit dieses fast 600 Hektar großen Gewässers.

Wir fahren an der östlichen Seite des Sees entlang und erreichen so Eutin, wo wir der Altstadt mit dem fast rechteckigen Marktplatz einen Besuch abstatten. Eines der ältesten Häuser ist das Brauhaus Eutin. Seit 1999 wird hier Bier gebraut und dazu gibt es täglich durchgängig warme Küche. Das

Das ehrwürdige Brauhaus am Marktplatz von Eutin.

Gebäude des Brauhauses sei hier dennoch lediglich repräsentativ für die vielen anderen, ebenso schön anzusehenden alten und in bestem Zustand befindlichen Stadthäuser erwähnt.

Wir ziehen weiter gen Westen und nehmen Kurs auf unseren Ausgangspunkt: die Landeshauptstadt Kiel. Dabei erleben wir eine großartige Seenlandschaft, denn wir cruisen entlang dem Großen Plöner See, dem Suhrer See, dem Behler See sowie dem Kleinen Plöner und zum Schluss dem Trammer See. Wasser satt also. ◂

INFOS ZUR TOUR

CHARAKTERISTIK

Es muss nicht immer schnell sein, um ein wahres Gefühl von Freiheit zu genießen. So sind es auf dieser Tour insbesondere gleich zu Beginn die schmalen, oft auch hügligen und bestausgebauten landwirtschaftlichen Nutzwege, die zwar meist nicht mehr als 50 km/h zulassen, aber dennoch das Gefühl vom Dahincruisen vermitteln. Eine erhabene Empfindung zwischen Land und Wasser birgt auch die Fahrt auf der Insel Fehmarn und die Überfahrt über die große Fehmarnsundbrücke.

STRÄNDE

Howacht: Über zwei Kilometer langer Sandstrand der ab Alt-Hohwacht flach ins Wasser hin abfällt. Großer, aber kostenpflichtiger Parkplatz direkt hinter der Düne.

Südstrand Fehmarn: Flach abfallender, feinsandiger Strand bei Burgtiefe. Großer Parkplatz direkt in der Nähe.

ÜBERNACHTUNG

B&B Hotel Kiel-Wissenschaftspark
Fraunhoferstraße 3, 24118 Kiel
Sauberes, einfaches Hotel, besonders für Kurzreisende, im Universitätsviertel in Kiel. Allerdings ohne eigenen Parkplatz. Die Motorräder müssen an der Straße geparkt werden.
www.hotelbb.de/de/kiel-wissenschaftspark
GPS 54.34166, 10.12532

KOMBINATIONSMÖGLICHKEITEN

Diese Tour lässt sich sowohl mit Tour 2, als auch mit Tour 4 verbinden. Entweder man nimmt ab Neukirchen die B501 nach Grube und gelangt so auf Tour 4 oder man fährt ab Eutin entgegen der in Tour 4 vorgeschlagenen Richtung nach Lübeck. Da Tour 2 und 3 den gleichen Startpunkt haben, überschneiden sie sich auch. So beispielsweise in Dobersdorf am gleichnamigen See, bei Preetz und in Plön. Von dort aus ist es immer möglich auf die Strecke von Tour 2 zu wechseln. Wer mag, kann natürlich auch den Beginn von Tour 2 befahren, so Laboe noch mitnehmen, um dann an der Ostseeküste entlang über Schönberg und Hohenfelde schließlich auf die eigentliche Route zu gelangen.

DLRG
4

Mondäne **Badeorte**

Von Lübeck, Königin der Hanse, geht es kurz durch die Holsteinische Schweiz, wo es für Ostseeküstenverhältnisse schon sehr hügelig zugeht. Als nächstes stehen berühmte Badeorte der westlichen Ostsee auf dem Plan, wie Dahme, Grömitz und Scharbeutz. Eine Überfahrt mit der Fähre von Travemünde auf den Priwall darf natürlich auch nicht fehlen. Schon hat man die alte innerdeutsche Grenze überquert und findet sich bald im weiter östlich gelegenen Ostseebad Boltenhagen wieder. Zurück geht es durch das südlich davon gelegene Hinterland, wo sich ordentlich Strecke machen lässt.

Der Strand in Grömitz ist bei Urlaubern sehr populär.

TOUREN-STECKBRIEF

BASISORT

Lübeck (GPS 53.86829, 10.6875)

STRECKENLÄNGE

ca. 237 km

DAUER DER TOUR

ca. 5 Stunden

ROADBOOK

Lübeck, Curau, Eutin, Malente, Nüchel, Lensahn, Dahme, Kellenhusen, Grömitz, Rettin, Neustadt in Holstein, Scharbeutz, Niendorf/Ostsee, Travemünde, Priwall, Brook, Boltenhagen, Klütz, Grevesmühlen, Wahrsow, Lübeck

HIGHLIGHTS

Touristisch ist neben den namhaften Stränden der westlichen Ostsee die Stadt Lübeck mit ihrem berühmten Holstentor (GPS 53.86647, 10.67964) und den kulturellen Denkmälern in der Altstadt dominierend. Aber auch im nicht ganz so beachteten Hinterland dieser Tour gibt es ein sehenswertes Highlight: das Schloss Bothmer (GPS 53.95918, 11.15942) in Klütz, die größte noch erhaltene barocke Anlage des Landes Mecklenburg-Vorpommern.

LÜTJENBURG
OLDENBURG i. Holst.
Lensahn
Grömitz
Dahme
Kellenhusen
Cismar
NEUSTADT i. Holstein
EUTIN
Holsteinische Schweiz
Naturpark
Schönwalde am Bungsberg
Süsel
Sierksdorf
Scharbeutz
Timmendorfer Strand
Lübecker Bucht
Ahrensbök
Ratekau
BAD SCHWARTAU
LÜBECK
Stockelsdorf
TRAVEMÜNDE
DASSOW
Klützer Winkel
KLÜTZ
Boltenhagen
SCHÖNBERG
GREVESMÜHLEN
Groß Grönau
REHNA
GADEBUSCH
SCHLESWIG-HOLSTEIN
MECKLENBURG-VORPOMMERN
Mecklenburger Bucht
Hansa-Park
Sea Life
Flughafen Lübeck

Das bedeutende spätmittelalterliche Holstentor in Lübeck.

Das Schloss Eutin beherbergt ein Museum (unten). Die Kunstkuh verschönert den Dieksee (rechts).

Lübeck, Königin der Hanse und das Tor zur Ostsee, ist Startpunkt dieser Tour. Seit 1987 steht ihre Altstadt auf der Weltkulturerbeliste der UNESCO. Die Altstadtinsel ist vom Elbe-Lübeck-Kanal, der Trave sowie der Wakenitz umflossen. Von den einst vier Toranlagen existieren heute noch zwei: das Burgtor und das viel bekanntere Holstentor, das westlich der Innenstadt steht. Es gilt als das bedeutendste, heute noch erhaltene spätmittelalterliche Stadttor Deutschlands.

Im Innern ist ein Museum zur Stadtgeschichte, zum Fernhandel und zur Schifffahrt untergebracht. Eine Abbildung des Holstentors fand sich auf der Rückseite der zwischen 1960 und 1991 produzierten 50-DM-Scheine.

Bedeutender Fährhafen

In Lübeck-Travemünde befindet sich der größte Fährhafen Europas. Von hier aus starten Fähren unter anderem nach Trelleborg, Malmö oder Helsinki. Unsere Tour auf den Motorrädern führt aus Lübeck heraus in Richtung Norden, mit der Holsteinischen Schweiz als erstem Ziel. Hier kann man ordentlich Meter machen und dabei dennoch die Landschaft des Hinterlandes genießen.

Schon von Weitem ist Eutins Wasserturm zu sehen. Über eine Wendeltreppe, die durch den Wassertank führt, gelangen Besucher nach oben und können von dort den Blick in die Ferne schweifen lassen.

Unmittelbar am Großen Eutiner See befindet sich das Schloss. In den Sommermonaten kann es im Rahmen von Führungen besichtigt werden. Der ehemalige Barockgarten und heutige Landschaftspark ist jedes Jahr Austragungsort der Eutiner Festspiele.

Filmschauplatz

Vom Großen Eutiner See geht es an die Landenge zwischen Kellersee und Dieksee nach Bad Malente-Gremsmühlen. Dabei führt die Strecke am Gut Immenhof, eigentlich Gut Rothensande, vorbei, wo zwischen 1955 und 1957 die berühmten Immenhof-Filme gedreht wurden. Auch in Malente befindet sich ein Wasserturm, dieser ist aber, im Gegensatz zu dem in Eutin, nicht begehbar.

Da steht doch eine Kuh auf dem See? Ja, auf dem Dieksee steht tatsächlich eine bunte Kuh – ein sehr beliebtes Fotomotiv. Nun wird der Kellersee

Dieksee Malente, Bunte Kuh auf dem Dieksee.

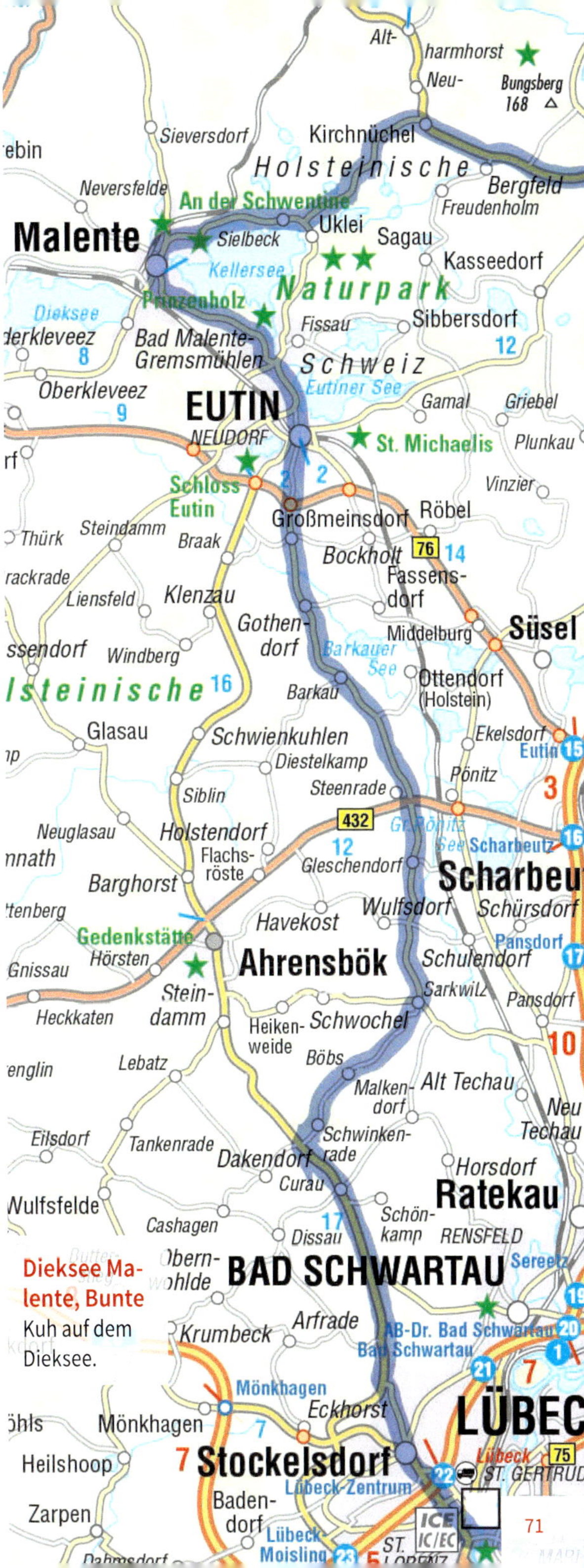

Neustadt in Holstein (oben) und Strand von Grömitz (links).

Am westlichen Rand von Sierksdorf entlang führt die Tour nach Haffkrug, dem wahrscheinlich ältesten Seebad an der Lübecker Bucht, von wo aus man nun direkt und durchgängig an der Küste weiter bis nach Scharbeutz fährt. Dort befindet sich an der Seebrücke die Dünenmeile, an der sich, wie schon in den vorher passierten Orten, zahlreiche Cafés und Boutiquen angesiedelt haben.

Maritimes Museum

Der feinsandige Strand zieht sich an diesem Teil der Lübecker Bucht von Sierksdorf bis nach Timmendorfer Strand – und zwar ohne Unterbrechung. Über Niendorf/Ostsee geht es zurück Richtung Lübeck, genauer gesagt nach Travemünde, wo wir mit der Fähre auf den Priwall übersetzen. Ein bei Touristen sehr beliebtes Ausflugsziel ist der dortige Alte Leuchtturm mit seinem maritimen Museum.

Fast 450 Jahre lang wies er den Seefahrern den Weg, bis er 1972 in Rente ging. Nun weist ein Leuchtfeuer auf dem Dach des Maritim Strandhotels die Richtung. Damit verfügt Travemünde über zwei Besonderheiten: zum einen den ältesten Leuchtturm Deutschlands, zum anderen eines der weltweit höchsten Leuchtfeuer.

Kurze Überfahrt

Die Überfahrt auf den Priwall dauert nur wenige Augenblicke, ist aber kostenpflichtig. Auf der Halbinsel liegt die Viermastbark Passat vertäut an der Pier. An Bord ist eine Ausstellung über das Leben und Arbeiten auf diesem Schiff zu sehen.

Nun ist es wieder einmal Zeit, etwas Strecke zu machen. Mit Ausblicken auf weite Felder und teilweise bis hinunter auf die Ostsee geht es über Land bis nach Boltenhagen. Seine historische Strandpromenade, die sogenannte Mittelpromenade des drittältesten Ostseebades in Mecklenburg,

Überfahrt von Travemünde auf den Priwall (oben). In Sierksdorf kann man direkt am Strand entlang fahren (unten).

Nur noch am Schild erkennt man, dass man die ehemalige innerdeutsche Grenze überquert.

entstand in den 1920er Jahren. Die hiesigen Häuser sind ein bei vielen – längst nicht nur auswärtigen Besuchern – sehr beliebtes Ausflugsziel. Ein weiteres Highlight des Ostseebades ist die 290 Meter lange Seebrücke. Auf unserem weiteren Weg steuern wir auch noch den ehemaligen Wohnsitz der Familie von Bothmer an, die hier schon Anfang des 19. Jahrhunderts zum Baden herkam.

Das nächste Ziel ist Klütz. Im Ortskern befindet sich ein ehemaliger Getreidespeicher mit auffallend braun-ockerfarbenen Türen: das Literaturhaus Uwe Johnson. Dieser nahm die mecklenburgische Kleinstadt einst als Vorbild für die Stadt Jerichow in seiner Tetralogie „Jahrestage – Aus dem Leben von Gesine Cresspahl".

Etwas weiter südlich liegt nun Schloss Bothmer, der ehemalige

Der historische Hafen von Boltenhagen.

Wohnsitz der Familie, die einst nach Boltenhagen zum Baden fuhr. Von 1726 bis 1732 wurde dieses einzigartige Denkmal barocker Baukunst im Auftrag von Hans Caspar Graf von Bothmer erbaut.

Weitgereister Bauherr

Ein besonderes Merkmal des Schlosses ist, neben dem gleichzeitigen Vorkommen von Wiener Stuck und einem Wassergraben nach niederländischem Vorbild, die berühmte Festonallee, die heute nur noch zu Fuß oder mit dem Fahrrad genutzt werden darf. Sie führt genau auf die Mitte des Gebäudes zu. Selbst gelebt hat der Bauherr auf seinem Anwesen aber nie. Die ersten Bewohner waren sein Neffe und dessen Frau. Seit dem 23. Mai 2015 ist das Schloss mit seiner Ausstellung über den weit gereisten Bauherren für Besucher geöffnet.

Fahrt entlang schöner alter Bäume.

Hinein ins Hinterland führt die Strecke jetzt südlich nach Grevesmühlen. Das Wahrzeichen der Stadt ist die 30 Meter hohe Holländer-Windmühle aus dem Jahr 1878. Eine Besichtigung ist allerdings leider nicht möglich, da sie privat genutzt wird – trotzdem wird sie als Fotomotiv genutzt.

Die Stadt verfügt über gleich zwei technische Denkmäler: zum einen die 1893 erbaute Malzfabrik, eines der größten Industriedenkmäler Mecklenburgs, die heute öffentlich genutzt wird, und zum anderen der Wasserturm, der neben der Windmühle als Wahrzeichen gilt.

Auf dem Rückweg nach Lübeck sind keine weiteren Stopps geplant. Wir cruisen stattdessen entspannt durch die schöne Landschaft. Schon von Weitem sind die „Sieben Türme" der Hansestadt zu erkennen. Gemeint sind damit die Türme der Jakobikirche, Petrikirche, Aegidienkirche sowie der Marienkirche und des Doms. Sie weisen den Weg in die Stadt. Nach Abschluss der Tour wird ein Stadtbummel wärmstens empfohlen. ◂

Schloss Bothmer ist ein barockes Kunstwerk.

INFOS ZUR TOUR

CHARAKTERISTIK

Die Tour führt schnurstracks, das heißt ohne viele Kurven oder Gefälle, sowohl am Anfang als auch am Ende durch das Hinterland der Lübecker Bucht. Entspanntes Cruisen mit fortwährendem Blick auf die wundervolle, von Landwirtschaft geprägte Umgebung steht im Vordergrund dieses Tourabschnitts.
Abwechslungsreich gestaltet sich die kurze Durchfahrt bei Malente durch die Schleswig-Holsteinische Schweiz. Die Kernstrecke um die Lübecker Bucht, immer direkt an der Küste mit ihren namhaften Stränden entlang, erweckt Sehnsucht nach Strand und Sonnenbaden.

STRÄNDE

Neben den großen namhaften und beliebten Stränden, wie **Dahme** und **Grömitz**, sind es insbesondere die langen zusammenhängenden Strände, begonnen vom alten Seebad **Sierksdorf** über **Haffkrug** bis ins lebendige **Scharbeutz**, die auch dem Motorradfahrer durch die direkt dahinter entlangführende Straße an jeder Stelle zugänglich sind. An die Lübecker Bucht schließt sich die Wismarbucht an. Dort gehört auch **Boltenhagen** zu den besonders reizvollen Badestränden.

ÜBERNACHTUNG

Park Inn by Radisson Lübeck
Willy-Brandt-Allee 1-5, 23554 Lübeck
4****-Hotel im Zentrum Lübecks, unweit des Holstentors, nur wenige Minuten von der historischen Altstadt entfernt.
www.parkinn.com/hotel-luebeck
GPS 53.86715, 10.67700

KOMBINATIONSMÖGLICHKEITEN

Wer noch den Weg nach Wismar machen möchte, kann ab Boltenhagen die vorgeschlagene Route verlassen und ab Wohlenberg einen Teil von Tour 5 fahren. Gleiches gilt in Richtung Westen. Ab Eutin schließt sich Tour 3 nach Kiel an. Zwischen dem Kellersee und Lensahn überschneiden sich dann Tour 3 und 4. Ab Lensahn bietet es sich ebenfalls an, einen Teil von Tour 3 mitzunehmen, der nach Fehmarn führt.

Königin der Hanse

Lübeck liegt im Südosten Schleswig-Holsteins an der Trave und mit seinem gleichnamigen Ortsteil Travemünde direkt an der Ostsee, am südlichsten Ende der Lübecker Bucht.

Silhouette Altstadt Lübeck mit Holstentor (oben). Markt Lübeck mit Rathaus und Ratskeller (rechts).

Zu Beginn des 12. Jahrhunderts wurde Lübeck durch seine geografisch günstige Lage der Knotenpunkt für den Warenhandel zwischen Ost und West. Bereits 1226 wurde der Ort durch Kaiser Friedrich II. zur reichsunmittelbaren Stadt mit Gebietsansprüchen im Umland erklärt.

Nach einem Abkommen zur Sicherung der Transportwege mit Hamburg im Jahr 1241 entwickelte sich die Hanse als Wirtschafts- und Sicherheitsbündnis mehrerer Städte, das schon 100 Jahre später 70 aktive Mitglieder hatte. Die Anerkennung des Rates von Lübeck als höchste Rechtsinstanz machte die Stadt zur „Königin der Hanse", in der die jährlichen Hansetage stattfanden. Nach dem letzten Treffen der Bündnispartner löste sich die Hanse 1669 auf.

HEUTE IST LÜBECK, das 1143 durch Adolf den II. von Schauenburg gegründet wurde und 2018 seinen 875. Geburtstag feierte, mit über 30 Millionen Tonnen Güterumschlag der größte Ostseehafen Deutschlands und einer der größten Umschlagshäfen Europas. Zudem besitzt es in Travemünde den größten Fährhafen Europas mit Verbindungen nach Skandinavien und auch osteuropäische Ländern. Etwa 220 000 Einwohner leben hier in der flächenmäßig größten Stadt des Bundeslandes Schleswig-Holsteins.

Die erhaltenen Teile des mittelalterlichen Stadtkerns auf der Altstadtinsel wurden bereits 1987 von der UNESCO als Weltkulturerbe anerkannt.

Hierzu haben auch eine große Anzahl von Wand- und Deckenmalereien, die sich zum Großteil in Privatbesitz befinden und der Öffentlichkeit nicht zugänglich sind, beigetragen. In einem Forschungsprojekt werden diese Malereien dokumentiert und sind kunst- und kulturhistorisch von unermesslichem Wert.

Eine Vielzahl von Museen, das Burgkloster, das Holstentor, das Buddenbrookhaus, die sieben Kirchtürme, sowie etliche Gänge, Höfe und verwinkelte Gassen bieten den interessierten Besuchern kulturelle und architektonische Highlights.

Als international bekannte Süßigkeit wird in der Hansestadt das Lübecker Marzipan hergestellt, welches in alle Welt exportiert wird und angeblich mit einem Gläschen „Rotspon“ (französischem Rotwein) einen ganz besonderen Genuss bietet.

Geschäfte und Galerien laden zum Einkaufsbummel ein und das gastronomische Angebot ist vielfältig. Wer mehr Zeit in der Stadt verbringen und dort übernachten will, findet in allen Preisklassen ein passendes Angebot.

Lübeck war Geburtsort von zwei Nobelpreisträgern, hier kamen Thomas Mann (Literaturnobelpreis 1929) und Willy Brandt (Friedensnobelpreis 1971) zur Welt. Günter Grass (Literaturnobelpreis 1999) war der dritte im Bunde, als er 68-jährig nach Lübeck zog.

Schon im 14. Jahrhundert gehörte das Ostseeheilbad Travemünde zu Lübeck und wurde 1913 zum Ortsteil. Eindrucksvolle Strandpromenaden und ein breiter Sandstrand bieten hier Erholungmöglichkeiten.

NÜTZLICHES UND WISSENSWERTES mit vielen Tipps gibt es im Tourismusbüro am Holstentorplatz oder unter info@luebeck-tourismus.de per E-Mail.

www.luebeck-tourismus.de

Zwischen Rostock **und Wismar**

Diese Tour beschreibt in etwa die Form einer Acht und führt abwechselnd durch das Binnenland und entlang der Küste der Mecklenburger Bucht – Deutschlands größter Ostseebucht. Auf dem Hinweg reizt vor allem das Ostseebad Rerik. Genauso beeindruckt die von Gewässern gesäumte Dammüberfahrt auf die Insel Poel. Auf der Rückfahrt bestechen der Urlaubsort Kühlungsborn mit seiner Seebrücke und das Seebad Warnemünde mit seinem Leuchtturm. Weitere touristische Highlights finden sich in den Hansestädten Wismar und Rostock.

Wasserkunst auf dem Marktplatz von Wismar.

TOUREN-STECKBRIEF

BASISORT
Rostock (GPS 54.10008, 12.10168)

STRECKENLÄNGE
ca. 240 km

DAUER DER TOUR
ca. 5 Stunden

ROADBOOK
Rostock, Bad Doberan, Kröpelin, Rerik, Boiensdorf, Fährdorf, Vorwerk, Oertzenhof, Neuhof, Wangern, Timmendorf, Wangern, Kirchdorf, Niendorf, Groß Strömkendorf, Wismar, Fliemstorf, Zierow, Beckerwitz, Wohlenberg, Gägelow, Wismar, Rohlstorf, Neu Farpen, Steinhausen, Neubokow, Bastorf, Kühlungsborn, Heiligendamm, Warnemünde, Hohe Düne, Markgrafenheide, Jürgeshof, Neu Hinrichsdorf, Rostock

HIGHLIGHTS
Touristisch hat diese Tour neben Rerik und der Insel Poel mit den Städten Rostock, Bad Doberan, Wismar und Kühlungsborn einiges zu bieten. Da wäre gleich zu Beginn das Doberaner Münster (GPS 54.10723, 11.91009), in dem jährlich ein großer Bikergottesdienst stattfindet. Aber auch der Marktplatz von Wismar lockt mit der berühmten Wasserkunst (GPS 53.89131, 11.46672). In Kühlungsborn beeindruckt die Seebrücke (GPS 54.15315, 11.76080) und in Rostock-Warnemünde der Leuchtturm (GPS 54.17984, 12.08504) mit dem Teepott sowie der große Kreuzfahrthafen (GPS 54.17559, 12.09285).

Ostseebad Graal-Müritz
Rhododendronpark
Rostocker
Kletterwald Hohe Düne
Warnemünde
WARNEMÜNDE
Markgrafenheide
Rövershagen
Heimatmuseum
Diedrichshagen
LICHTENHAGEN
GROSS KLEIN
Elmenhorst-Lichtenhagen
LÜTTEN KLEIN
Warnowtunnel
Rostock-Überseehafen
Rostock
Hinrichsdorf
Rostock-Nord
Nienhagen
Ostseebad Kühlungsborn
KÜHLUNGSBORN WEST
OSTSEEBAD KÜHLUNGSBORN
Börgerende-Rethwisch
Steinbeck
Admannshagen-Bargeshagen
SCHMARL
Krummendorf
C.-Park Kühlungsborn
HEILIGENDAMM
Conventer See
Ferien-Camp Börgerende
Molli-Bahn
Bahrenhorst
Vorder Bollhagen
Hägerort
Sievershagen
EVERSHAGEN
TOITENWINKEL
GEHLSDORF
DIERKOW
Bentwisch
Rostock-Ost
Bastorf
Kühlung
Wittenbeck
Diedrichshagener Berg 130
NEU GARZ
Brodhagen
Doberaner Münster
Bargeshagen
REUTERSHAGEN
Marienkirche
ROSTOCK
OSTSEEBAD RERIK
Garvsmühlen
Dolmen
Diedrichshagen
Steffenshagen
BAD DOBERAN
Lambrechtshagen
Ostseestadion
Rathaus
Pastow
Blengow
Wischuer
Boldenshagen
JENNEWITZ
Stülow
Reddelich
Klein Schwaß
Zoo
SÜDSTADT
BRINCKMANSDORF
Rostock-Süd
Roggentin
Zweedorf
Gersdorf
Hohenfelde
Bartenshagen-Parkentin
Glashagen
BIESTOW
Kessin
Biendorf
Sandhagen
KRÖPELIN
Hastorf
Konow
Kritzmow
Hohen Schwarfs
Russow
Jörnstorf
Spriehusen
Malpendorf
Westenbrügge
SCHMADEBECK
Retschow
Stäbelow
Groß Stove
Papendorf
Bandelstorf
Einhusen
Lüningshagen
Reinshagen
Hanstorf
Niendorf
Kreuz Rostock
Rakow
NEUBUKOW
ALTENHAGEN
Groß Siemen
Anna Luisehof
Clausdorf
Rostock-West
Rostock-Südstadt
Damm
Dummerstorf
Kavelstorf
Krempin
Karin
Rederank
Heiligenhagen
Bölkow
Bad Doberan
Pölchow
Panzow
Carinerland
Ravensberg
Gerdshagen
Bölkow Ausbau
Matersen
Ziesendorf
Huckstorf
Reez
Klingendorf
Dorfkirche Kavelstorf
Prisannewitz
Teschow
Kamin
Miekenhagen
Satow
Hohen Luckow
Benitz
Groß Viegeln
Scharstorf
Garvensdorf
Rosenhagen
Radegast
Kröpelin
Wokrenter
Klein Grenz
Bröbberow
Zeez
Madsow
Kirch Mulsow
Jürgenshagen
Groß Belitz
Steinhagen
Passee
Berendshagen
Neukirchen
Klein Belitz
SCHWAAN
Kunstmuseum
Wiendorf
Sabel
Letschow
Bäblin
Teplitz
Klein-Gnemern
Bandow
Camping Schwaan
Hohensprenzer See
Züsow
Poischendorf
Gnemern
Viezen
Penzin
Hohen Sprenz
Gämehl
Glasin
Seebach
Ulrikenhof
Vorbeck
Göldenitz
Woland
Benz
Tollow
Neukloster
Fuchsberg
Bernitt
Selow
Passin
Rukieten
Neuhof
Groß Tessin
Klein Sien
Neu Bernitt
Langen Trechow
Kambs
Werle
Mistorf
Sellin
Babst
Perniek
Großtessiner See
Moisall
Horst
Siemitz
Ravensruh
Hermannshagen
Kurzen Trechow
Warnow
Kassow
Goldewin
NEUKLOSTER
Käterhagen
Parkow
Bützower See
Oettelin
Käselow
Bredentin
Zurow
Rügkamp
Lübberstorf
Schlemmin
Jabelitz
Neuendorf
Stiftskirche
Karow
Klosterkirche
Neuklostersee
Göllin
Steinhagen
Groß Schwiesow
Lüssow
Reinstorf
BÜTZOW
Zepelin
Klein Schwiesow
Katelbogen
WOLKEN
Großer Rühner See
Hof Rühn
Strenz
Pennewitt
Qualitz
Gülzow
Parum
Büschow
Rühn
Großer Peetscher See
Gertrudenkapelle
Neperstorf
Großer Wariner See
Mankmoos
Wendorf
Baumgarten
Langensee
Ernst-Barlach-Gedenkstätte

dem 14. Jahrhundert, der vor allem dem Handel diente –lädt seine Gäste gerne zu Ausfahrten ein. Über Hoben und Fliemstorf geht es weiter an der Wismarbucht nach Zierow.

Von dort aus führt die Straße wieder etwas weg vom Meer nach Beckerwitz. Doch kurz darauf ist mit der Wohlenberger Wiek schon wieder Wasser in

Der Leuchtturm in Timmendorf Strand (rechts).

nicht weit. Sie ist Naturschutzgebiet, aber zu bestimmten Zeiten sind begleitete Besuche möglich. Im Uhrzeigersinn geht es über Poel. Dann führt der Weg wieder über den Damm zurück aufs Festland. Als nächstes Ziel wird der Hafen der Hansestadt Wismar von uns anvisiert.

Historischer Nachbau

Im Alten Hafen liegen nicht nur Passagier- und große Kreuzfahrtschiffe, sondern auch eine historische hanseatische Kogge: die „Wissemara". Der europaweit größte Nachbau einer Kogge – ein Segelschiffstyp der Hanse aus

Sicht. Dieser Teil der Wismarbucht verfügt über eine mehrere hundert Meter lange Flachwasserzone. Die Wassertiefe beträgt hier unter einem Meter und fällt dann sehr schnell auf bis zu fünf bis zehn Meter ab.

Der Wendepunkt dieser Tour ist Wohlenberg, von wo aus es auf direk-

Der Hafen in Timmendorf (unten).

tem Weg zurück nach Wismar geht, diesmal in die Innenstadt.

Zusammen mit der Altstadt von Stralsund steht die Altstadt der Hansestadt Wismar seit 2002 auf der Weltkulturerbe-Liste der UNESCO. Kulturhistorische Bauwerke reihen sich hier fast flächendeckend aneinander. Eines der Wahrzeichen der Hansestadt ist der Marienkirchturm, der schon von Weitem sichtbar ist. Die zu dem 80 Meter hohen Turm gehörende Kirche wurde 1960 gesprengt; sie war im Zweiten Weltkrieg schwer beschädigt worden. Der Marktplatz Wismars ist mit 10 000 Quadratmetern einer der größten Marktplätze Norddeutschlands. An seiner Nordseite

Der Marktplatz von Wismar gehört zu den größten in Norddeutschland.

befindet sich das Rathaus. Auf ihm ist auch die Wasserkunst zu sehen: ein alter Brunnen zur Trinkwasserversorgung, der zwischen 1580 und 1602 erbaut wurde.

Durchs Hinterland geht es nach Neubukow und von dort aus wieder Richtung Ostsee. Genauer gesagt ins Ostseebad Kühlungsborn, noch genauer nach Kühlungsborn-Ost.

AUTOREN-TIPP

Man sollte im **HOTEL NEPTUN** ganz nach oben in die 19. Etage fahren und dort den traumhaften Blick genießen. Das heißt: Aus dem höchsten Café des Landes beobachtet man die Segelschiffe und Surfer auf der Ostsee, während man über ganz Warnemünde schaut. Dazu gibt es ein gutes Stück aus der NEPTUN-Patisserie. Bei schönem Wetter öffnet sich sogar das Dach zum Himmel. Bar- und Café-Öffnungszeiten auf der Website.

www.hotel-neptun.de | **GPS** 54.17855, 12.0783

Auf dem Weg dorthin fahren wir am Leuchtturm Buk vorbei. Mit nur etwas mehr als 20 Metern Turmhöhe gehört er zu den kleinsten Leuchttürmen Deutschlands und ist trotzdem der höchste, topographisch gesehen nämlich.

Die Seebrücke in Kühlungsborn-Ost ist 240 Meter lang.

Am Kühlungsborner Stadtwald vorbei erreichen wir das allenthalben beliebte Ostseebad. Der eben passierte Stadtwald verbindet die beiden Teile Ost und West. Das Ortsbild wird von den Gebäuden im Stil der Bäderarchitektur geprägt. Deutschlands längste Strandpromenade – fast vier Kilometer – und die 240 Meter lange Seebrücke sind die Wahrzeichen des Ortes. An der Seebrücke findet jedes Jahr am 1. Januar das traditionelle Anbaden statt. Zahlreiche gastronomische Betriebe und touristische Anbieter säumen die lange, gut ausgebaute und sehr breite Strandpromenade.

Weiter geht es über Wittenbeck nach Heiligendamm. Das Seeheilbad ist heute vor allem für sein luxuriöses Grand Hotel bekannt. Besondere Berühmtheit ist ihm durch den G8-Gipfel 2007, mit dem bekannten Bild der Staatsoberhäupter im XXL-Strandkorb, zuteil geworden. Vor allem ist es aber das älteste deutsche Seebad. Schon im 19. Jahrhundert war das nach dem Vorbild südenglischer Seebäder errichtete Heiligendamm ein beliebter Urlaubsort, besonders für den Adel und das Großbürgertum. Aus dieser Zeit stammen auch die prächtigen weißen, klassizistischen Gebäude, die zu dem Beinamen „weiße Stadt am Meer“ geführt haben.

Der Leuchtturm mit dem Teepott ist das Wahrzeichen Warnemündes.

Rostocks kleine Schwester

Nach einem weiteren streckentechnischen Schlenker von der Ostsee weg und wieder dorthin, erreichen wir nun mit Warnemünde eines der Ostseehighlights. Das Seebad ist heute ein Stadtteil der ehemals mächtigen und heute pulsierenden Hansestadt Rostock, die das Dorf kaufte, um einen direkten Zugang zu Strand und Meer zu bekommen. Mittlerweile ist Warnemünde auch schon lange kein kleines verschlafenes Dorf mehr, sondern steht ihrer großen Schwester in nichts nach, hat es sich doch zu einem der lebendigsten Badeorte an der Ostseeküste entwickelt.

Die Bäderarchitektur prägt das Bild von Heiligendamm.

Wahrzeichen von Warnemünde ist der Leuchtturm mit dem Teepott. Das Seezeichen steht seit 1898 in seiner jetzigen Form. Von seiner Plattform aus hat man einen großartigen Rundumblick über Warnemünde und die Ostsee. Während des jährlich stattfindenden Warnemünder Turmleuchtens

Die imposante Yachthafenresidenz Hohe Düne in Rostock.

steht er natürlich im Mittelpunkt. Am Alten Strom, ein in Warnemünde parallel zum Seekanal endender Kanal, reihen sich Geschäfte und vor allem Fischbrötchenboote dicht aneinander.

Einst war der Alte Strom die wichtigste Zufahrt von der Ostsee zum Hafen Rostock. Heute ist er ein wahrer Touristenmagnet. Neben seinen schon erwähnten Wahrzeichen hat Warnemünde den mit 150 Metern wohl breitesten, wenngleich nicht sehr langen, Strand an der deutschen Ostseeküste.

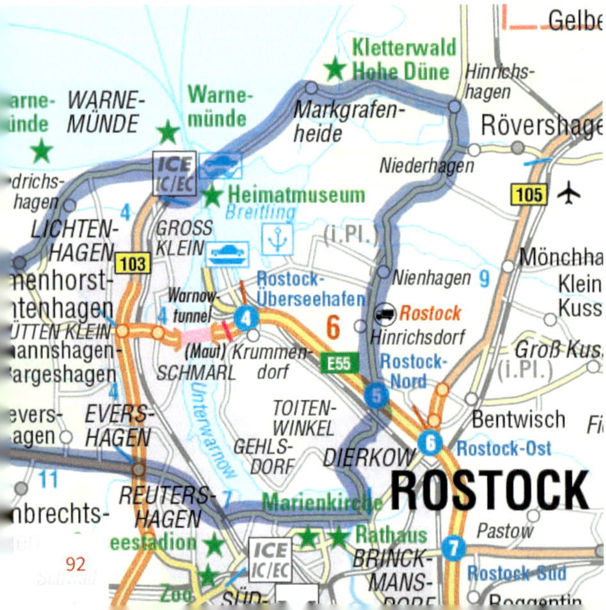

Der große Kreuzfahrthafen lockt nicht nur zur Warnemünder Woche oder zur Hanse Sail jedes Jahr mehrere tausend Touristen in das Seebad. Ein weiterer Tipp: Mit der Warnemünder Fähre setzt man nach Hohe Düne über und genießt dabei den Blick zurück auf die Kreuzfahrtschiffe. Imposant ist auch der Blick auf die 25 Meter hohe Lotsenstation.

Noch nicht in Hohe Düne angekommen, sticht einem schon linker Hand das große Areal der Yachthafenresidenz ins Auge. In Hohe Düne befindet sich auch ein Marinestützpunkt der Deutschen Bundesmarine. Direkt an der Ostmole liegt das Robben-Forschungszentrum Hohe Düne.

Historischer Eisbrecher

Direkt hinter den Dünen geht es am Wasser entlang nach Markgrafenheide und weiter durch die Rostocker Heide bis nach Jürgeshof. Nun ist es nicht mehr weit und der Ausgangsort, die Stadtmitte von Rostock, ist wieder erreicht. Vorher führt der Weg noch am lang gezogenen Stadthafen vorbei. Hier liegt auch der historische Eisbrecher „Stephan Jantzen".

Der einst größte Eisbrecher Mecklenburg-Vorpommerns – und zweitgrößte Deutschlands – lag auch noch lange Zeit nach der Wende in Stralsund auf dem Dänholm. Seit Mitte 2018 gehört er der Hansestadt Rostock. Diese plant, ihn zukünftig als Museumsschiff zu betreiben. ◂

INFOS ZUR TOUR

CHARAKTERISTIK

Ostseefeeling pur, durch Inseln und Natur. Bestechend ist der Blick über die Weite des Wassers der Mecklenburger Bucht. Die ständige Abwechslung zwischen Küste und Landesinnerem entschädigt unmerklich für die eher fehlenden topographischen Highlights.

STRÄNDE

Rerik: Der sechs Kilometer lange Strand erstreckt sich von der teilweise bis 13 Meter hohen Steilküste bis zur Insel Wustrow.
Kühlungsborn: Der feinsandige Strand ist etwa 50 Meter breit und erstreckt sich auf sechs Kilometern Länge von Ost nach West. Blaue Flagge für ausgezeichnete Wasserqualität.
Warnemünde/Hohe Düne: Ruhiges Wasser, leicht bewegte See, Schaumkronen auf den Wellen, spitzende Gischt – alles ist möglich. Beeindruckend und Markenzeichen Warnemündes: der über 150 Meter breite, feine Sandstrand.

ÜBERNACHTUNG

Hotel GreifenNest
August-Bebel-Straße 49 b, 18055 Rostock
Backpacker-Hotel im Zentrum Rostocks.
www.greifennest.de
GPS 54.08592, 12.12839

ÜBERNACHTUNG

Ostsee-Gutshaus
Hauptstr. 1, 18233 Am Salzhaff
2016 wiedereröffnetes Haus am Salzhaff. Besonderheit: An der Rezeption stehen drei besondere Motorräder der Marke Münch. Garage für Motorräder ist vorhanden.
www.ostseegutshaus.de
GPS 54.03084, 11.58920

KOMBINATIONSMÖGLICHKEITEN

Diese Tour lässt sich nach Osten hin mit Tour 6 verbinden. Die Strecken überschneiden sich ohnehin in der Rostocker Heide bei Markgrafenheide. Oder man nimmt westlich einen Teil von Tour 4 dazu und fährt in Richtung Lübeck.

Das grün-weiße Leuchtfeuer auf der Westmole von Warnemünde.

Hansestadt und Seebad

Rostock ist mit über 200 000 Einwohnern die größte Stadt Mecklenburg-Vorpommerns und liegt im Landesteil Mecklenburg an der Warnow. Das Stadtgebiet erstreckt sich bis nach Warnemünde direkt an der Ostsee.

Die Stadt Rostock erhielt Anfang des 13. Jahrhunderts das sogenannte Lübische Stadtrecht und wurde wenig später zum Zentrum der bis 1327 bestehenden Herrschaft Rostock. Als Mitglied der Hanse ab 1283 und dem damit verbundenen Freihandel blühte Rostock auf und erlangte große Bedeutung.

Mit dem Niedergang der Hanse, dem Dreißigjährigen Krieg und dem großen Stadtbrand von 1677 erlitt die Stadt große Rückschläge, wodurch sich die Einwohnerzahl auf ein Drittel reduzierte. Erst mit Beginn der Industrialisierung im 19. Jahrhundert erstarkte Rostock wieder.

Als wichtiger Technologiestandort mit den Flugzeugwerken Arado und Heinkel war Rostock im Zweiten Weltkrieg Ziel von zahlreichen Bombenangriffen, durch die viele Menschen starben oder obdachlos wurden. Fast die Hälfte aller Gebäude wurde beschädigt oder ganz zerstört.

HEUTE IST ROSTOCK eine blühende Universitätsstadt mit verschiedenen

Hochschulen und Forschungseinrichtungen, insbesondere auf dem Gebiet der Medizin.

Der Rostocker Hafen hat eine große Bedeutung für den Fähr- und Frachtverkehr, in Warnemünde befindet sich der größte deutsche Kreuzfahrthafen.

Weitere bedeutende Wirtschaftsbereiche sind der Tourismus, Zukunftstechnologien sowie Luft- und Raumfahrttechnik. Für die internationale Anbindung der Stadt sorgt der Regionalflughafen Rostock-Laage.

FÜR BESUCHER BIETET sich ein eineinhalbstündiger geführter Stadtrundgang durch die historische Altstadt an, der am Universitätsplatz beginnt. Dabei können nicht nur Bauwerke wie das Rathaus, die St. Nikolai-, St. Petri- und Marienkirche erkundet werden, auch die Kröpeliner Straße mit sehr schönen Fassaden aus verschiedenen Architekturepochen als Einkaufsmeile gehört dazu. Besonders sehenswert sind das Ratschow-Haus, der Rostocker Hof oder der Barocksaal im Herzoglichen Palais.

Viele Museen und kulturelle Angebote decken unterschiedlichste Interessen ab. Jährlich findet am 2. Augustwochenende die Hanse Sail als großes maritimes Ereignis statt.

DAS SEEBAD WARNEMÜNDE ist ein Stadtteil von Rostock und gilt als einer der schönsten Badeorte an der Ostseeküste mit jeder Menge Wassersportangeboten. Viel zu sehen gibt es auf den Flaniermeilen an der Seepromenade und rund um den Alten Strom. Der 31 Meter hohe Leuchtturm, zwischen 1897 und 1898 erbaut, und der 1967 errichtete „Teepott“ mit Restaurants,

Fähre nach Skandinavien vor Rostock.

Café und Cocktailbar sind die Wahrzeichen von Warnemünde.

Ein Tag wird vielen Stadtbesuchern sicher nicht ausreichen Dabei kann man auf ein großes Angebot von Übernachtungsmöglichkeiten und Gastronomiebetrieben zugreifen.

MEHR INFORMATIONEN gibt es vor Ort am Universitätsplatz 6 (Barocksaal) in 18055 Rostock, in der Schnickmannstraße 15 in 18055 Rostock oder Am Strom 59 in 18119 Rostock.

Im Internet findet man die Tourist-Info unter **www.rostock.de**. Oder man nimmt unter **touristinfo@rostock.de** per E-Mail Kontakt auf.

Hauptstraße
Eickhofer Str.
Trinwillershagen 6 km

An Ostsee und **Bodden**

Stralsund zeigt sich für diese Tour als der ideale Ausgangspunkt. Von hier geht es auf die Halbinsel Fischland-Darß-Zingst und somit entlang des Nationalparks Vorpommersche Boddenlandschaft. Immer wieder streifen wir dabei an den lang gezogenen Deichen die namhaften, feinsandigen Ostseestrände. Danach fahren wir zwischen der freien Ostsee und den dahinterliegenden Gewässern – Bodden genannt. Auf dem Rückweg durch das Hinterland erwartet uns dann eine wirklich ansprechende Strecke, die gar nicht so flach daherkommt, wie man es von dieser Region vermutet.

Neugotische Dorfkirche in Schlemmin.

TOUREN-STECKBRIEF

BASISORT
Stralsund (GPS 54.31201, 13.07629)

STRECKENLÄNGE
ca. 215 km

DAUER DER TOUR
4-5 Stunden

ROADBOOK
Stralsund, Prohn, Groß Mohrdorf, Neu Bartelshagen, Barth, Zingst, Prerow, Wieck am Darß, Born am Darß, Ahrenshoop, Wustrow, Dierhagen, Neuheide, Graal-Müritz, Rövershagen, Ribnitz-Damgarten, Marlow, Eixen, Behrenwalde, Richtenberg, Steinhagen, Stralsund

HIGHLIGHTS
Die Strecke entlang der Bodden- und Ostseeküste ist von zahlreichen Haltemöglichkeiten mit beeindruckenden Ausblicken geprägt. Da wären zum Beispiel die Häfen in Neu Bartelshagen (GPS 54.353026, 12.85355) und Barth (GPS 54.37051, 12.72822), die Meiningenbrücke (GPS 54.40795, 12.66611) auf den Zingst und in Zingst selbst der Hafen (GPS 54.43190, 12.69027) sowie die Seebrücke (GPS 54.44063, 12.68243) mit der berühmten Tauchgondel. Außerdem der Kunstkaten in Ahrenshoop (GPS 54.38187, 12.41954) und die dortige vom Grenzweg (Buhne) 12 (GPS 54.37863, 12.41273) einmalige Aussicht über den Strand auf die Ostsee. Schön sind auch die Kapitänshäuser nach dem Hafen in Wustrow (GPS 54.33667, 12.41069), die Natur-Schatzkammer Edelstein- & Bernsteinzentrum in Neuheide (GPS 54.25311, 12.33181) und das Jagdschloss Gelbensande (GPS 54.20740, 12.31472). Natürlich empfiehlt sich auch immer ein Stopp an einem der, mehr oder weniger die ganze Insel Fischland-Darß-Zingst säumenden herrlichen Strände. Also: Badehose nicht vergessen!

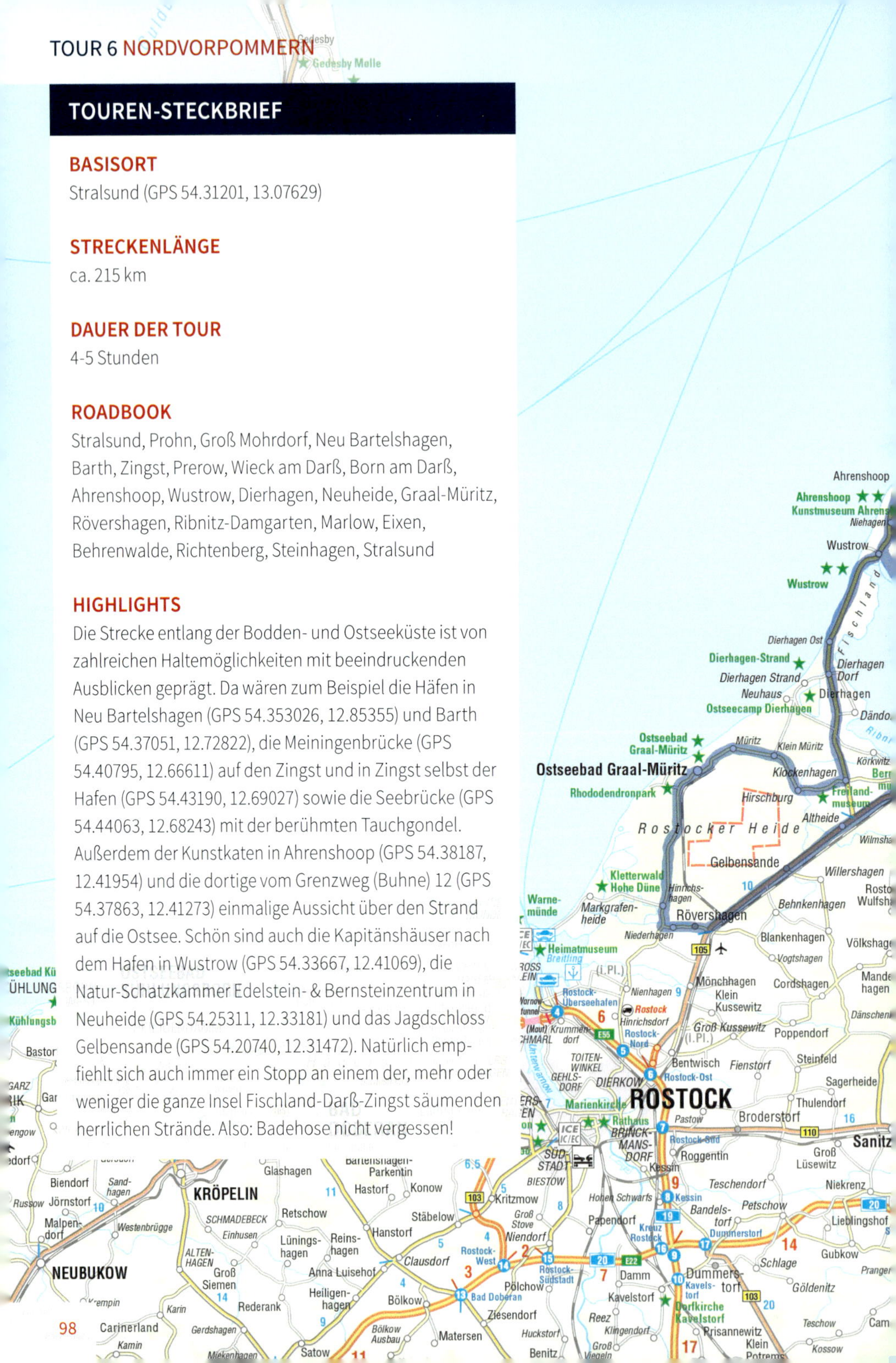

Nationalpark
Vorpommersche Boddenlandschaft
Hiddensee
Vitte
Insel
Hiddensee
Neuholstein
Charlottendorf
Granskevitz
Neuendorf
Schaprode
Schaproder
Bodden
Ummanz
Haide
Suhrendorf
Dorfkirche
Waase
Wusse
Freesenort
Lieschow
NATUREUM Naturkundemuseum
Prerow
Zingst
Müggenburg
Großer Werder
Kleine Werder
Bock
Barhöft
Wendisch Langendorf
Pramort
Camping am Freesenbruch
Wellness Camp Düne 6
Sundische Wiese
Große Kirr
Oie
Darßer Arche
Wieck
Bodstedter Bodden
Born
Bliesenrade
Bresewitz
Kinnbackenhagen
Groß Mohrdorf
Solkendorf
Klausdorf
Hohendorf
Viersendehl Grund
Kubitzer Bodden
Barther Bodden
Grabow
Pruchten
Marienkirche
BARTH
Bodstedt
PLANITZ
TANNHEIM
Nisdorf
Muuks
Prohn
Michaelsdorf
Fuhlendorf
Flughafen Stralsund-Barth
Glöwitz
Dabitz
Küstrow
Rubitz
Zipke
Bartelshagen
Neu Bartelshagen
Buschenhagen
Günz
Altenpleen
Preetz
Schmedshagen
Parow
Kramerhof
OZEANEUM Deutsches Meeresmus.
Altefähr
Neuendorf Heide
Hermannshagen Heide
Kenz
Flemendorf
Groß Kordshagen
Duvendiek
Lassentin
Krönnevitz
KNIEPER NORD
Rathaus
Nikolaikirche
Neuendorf
Kronsberg
Divitz
Dorfkirche
Niepars
Zansebuhr
Freienlande
GRÜNHUFE
Dänholm
NAUTINEUM
Saatel
Karnin
Wüstenhagen
Pantelitz
STRALSUND
Saal
Bartelshagen II
Lüdershagen
Martenshagen
Kummerow
Martensdorf
Pütte
Langendorf
Lüssow
ANDERSHOF
Hessenburg
Lüdershagen Heide
Löbnitz
Stubbenhagen
Friedrichshof
Bussin
Obermützkow
Zimkendorf
Groß Lüdershagen
Küсkenshagen
Langenhanshagen
Starkow
Velgast
Devin
Zitterpenningshagen
Dechowshof
Wiepkenhagen
Neuhof
Mittelhof
Borgwallsee
Altenwillershagen
Buchenhorst
Altenhagen
Lendershagen
Nienhagen
Wendorf
Brandshagen
Tempel
Seemühl
Zarrendorf
Behrenshagen
Trinwillershagen
Neu Seehagen
Hövet
Schuenhagen
Jakobsdorf
Steinhagen
Dettmannsdorf
Neuenrost
Weitenhagen
Wolfshagen
Wüstenfelde
Daskow
Ahrenshagen-Schlemmin
Elmenhorst
Ahrendsee Rubelow
Pantlitz
Berthke
Grün Kordshagen
Ravenhorst
Behrenwalde
Millienhagen
RICHTENBERG
PAPENHAGEN
Zandershagen
Behnkendorf
Carlewitz
Steinfeld
Stadtkirche
Abtshagen
Klein Behnkenhagen
Gruel
Tribohm
Koltenhagen
NEU BAUHOF
Jahnkendorf
Spiekersdorf
MÜGGENHALL
FRANZBURG
Sleveltshagen
Wittenhagen
Kakernehl
Hildbrandshagen
Poppendorf
Palmzin
Semlow
Leplow
Oebelitz
Zisterzienserkloster
Eichholz
Ungnade
Glashagen
Camitz
Forkenbeck
Allerstorf
Plennin
Eixen
Katzenow
Dolgen
Wolfsdorf
Stoltenhagen
Kloster Wulfshagen
Vogelpark Marlow
MARLOW
Alt Guthendorf
Stormsdorf
Hugoldsdorf
Werder
Neumühl
Papenhagen
Schönenwalde
Groß Lehmhagen
Bremerhagen
Segebadenhau
Willerswalde
Kavelsdorf
Rönkendorf
Drechow
Pöglitz
Müggenwalde
Holthof
St.-Marien-Kirche
Schulenberg
Angerode
Splietsdorf
Quitzin
Rathaus
Bartmannshagen
Kanneberg
Landsdorf
Krakow
Vorland
Grellenberg
Appelshof
Kaschow
Dammerstorf
BAD SÜLZE
Rekentin
Gremersdorf
Bassin
GRIMMEN
Neuendorf
Dettmannsdorf
Kölzow
Redderstorf
Kirch Baggendorf
Grimmen-West
Jessin
Vietlipp
Klevenow
Stralsund
Kreutzmannshagen
Dudendorf
TRIBSEES
Siemersdorf
Zarrentin
Leyerhof
Grimmen-Ost
Wüstenei
Stubbendorf
Schabow
Langsdorf
Tribsees
Techlin
Stremlow
Gransebieth
Wendisch Baggendorf
Dönnie
Boltenhagen
Poggendorf
Gnewitz
Ehmkendorf
Böhlendorf
Brönkow
Kandelin
Lindholz (i.Pl.)
Bad Sülze
Nütschow
Voigtsdorf
Turow
Rakow
Liepen
Breesen
Deyelsdorf
Grammow
Tangrim
Grammendorf
Bretwisch
Thelkow
TESSIN
Behren-Lübchin
Bassendorf
Glewitz
Düvier
Kowalz
Vilz
Nustrow
Viecheln
Bäbelitz
Keffenbrink
Zarnekla
Gülzowshof
Tessin
Langenfelde
Vorbein
Repnitz
Samow
Alt Quitzenow
Wasdow
Nehringen
Rodde
Drosedow
Drosedower Wald
Selpin
Woltow
Basse
Lühburg
Warbelow
Friedrichshof
Medrow
Klein Methling
Annenhof
Rustow
Strietfeld
GNOIEN
Bobbin
Groß Methling
Nossendorf
Wesselstorf
Groß Nieköhr
Eschenhörn
Volksdorf
Seedorf

Vom Altstadt Hotel zur Post Stralsund geht es in Richtung Norden aus der Hanse- und Welterbestadt heraus über Kramerhof und Prohn nach Groß Mohrdorf, heute auch durch das Kanich-Informationszentrum bekannt. Hier, kurz nach Stralsund, befinden wir uns bereits unterhalb des als Nationalpark Vorpommersche Boddenlandschaft ausgewiesenen Gebiets, südlich der Insel Hiddensee, welches von dort über Fischland-Darß-Zingst hinausreicht. Die in dieser Region immer noch zahlreich erhaltenen Herrenhäuser und Gutsanlagen zeugen vom

Von Alleen geprägtes Nordvorpommern.

Reichtum ihrer einstigen Herren. Sie sind wunderschön anzusehen und daher immer wieder beliebtes Fotomotiv.

Weiter geht es über Gürz nach Neu Bartelshagen. Wer möchte, kann den Schlenker über Groß Mohrdorf auch weglassen und über Preetz und Altenpleen direkt nach Neu Bartelshagen fahren. Diese Variante bringt einen quasi am Schloss Krönnevitz vorbei. Das aus der Mitte des 19. Jahrhunderts stammende Gutshaus beherbergt heute Ferienwohnungen.

Direkt bis ans Wasser

Auch in Neu Bartelshagen befindet sich ein sehenswertes barockes Gutshaus – und der gemütliche Hafen Zühlendorf, wo wir immer wieder gerne direkt bis ans Ufer heranfahren und den Blick auf das Wasser genießen.

Unter den schönsten Baumalleen entlang geht es weiter nach Groß Kordshagen. Auch der Ortsteil Flemendorf besitzt einen netten kleinen Hafen. Die schlichte Marienkirche aus dem 14./15. Jahrhundert ist, typisch für die Region, im Stil der roten Backsteingotik erbaut worden. Hier halten wir oft auf dem Hof Thomsen und machen Aufnahmen.

Auf der Landstraße über Zipke bewegen wir uns bei rascher Fahrt durch die herrlichen Alleen nach

Vorbei an Gut Krönnevitz, geht es zum Osthafen Barth, einem gut erreichbaren Ausflugsziel (von oben nach unten).

Bevor es über die Meiningenbrücke auf die Halbinsel geht, empfiehlt sich ein Stop in der Landbäckerei Dabels.

Nordwesten, genauer gesagt nach Barth.

Barth ist eine der Städte im Ostseeraum, die damit wirbt, mit dem sagenhaften Vineta an der vorpommerschen Ostseeküste in Verbindung zu stehen. Daher auch der Beiname „Vineta-Stadt Barth“. Eine Verbindung ist wissenschaftlich nicht bewiesen. Heute geht man davon aus, dass Vineta mit dem polnischen Wollin gleichzusetzen ist.

Entspannt cruisen wir weiter nach Pruchten. Dort, genauer in der Landbäckerei Dabels, empfiehlt sich ein Kaffeehalt, während das Motorrad ganz einfach vor der Tür, und damit in direkter Sichtweite, steht.

Schiefe Bäume

Nach einer kurzen Weiterfahrt unter Windflüchtern hindurch – so nennt man die vom starken Wind gezeichneten und daher schief stehenden Bäume – erreichen wir bei Bresewitz den Punkt am sogenannten Meiningenstrom, der die Halbinsel Zingst mit dem Festland verbindet: die Meiningenbrücke.

Die Alte Meiningenbrücke wurde von 1908 bis 1912 als Eisenbahnbrücke für die Darßbahn von Barth

Der Hafen von Zingst ist ein touristisches Highlight.

über Zingst nach Prerow erbaut. Seit 2012 verläuft neben der Meiningenbrücke eine zweispurige, 230 Meter lange Übergangskonstruktion, über die man auf die Halbinsel gelangt. Die alte Brücke ist seither für den Verkehr gesperrt. Schon seit vielen Jahren gibt es immer wieder Bestrebungen, die Alte Meiningenbrücke durch eine neue, kombinierte Straßen- und Eisenbahnbrücke zu ersetzen und die Darßbahn wieder von Bresewitz nach Prerow fahren zu lassen.

Achtung! Die Brücken werden zu festen Zeiten je 15 Minuten für den Schiffsverkehr geöffnet. Außerdem erfolgt dies saisonabhängig, allerdings nur bei Bedarf: viermal täglich im Sommer und ein- bis zweimal wöchentlich im Winter.

Nun auf der Halbinsel Fischland-Darß-Zingst angekommen, bewegen wir uns ständig zwischen Ostsee und Bodden. Zur Ostseeseite hin ist die Halbinsel geprägt von schroffen Steilküsten, dem urwüchsigen Darßwald sowie langen, weißen Sandstränden im Westen und Norden, die jährlich zahlreiche Urlauber locken. Im Hinterland finden sich idyllische Boddenlandschaften mit von Schilfgürteln umgebenen Buchten und weitläufigen Wiesen.

Besonderes Schauspiel

Hier befinden wir uns übrigens am südlichen Ende des bereits angesprochenen Nationalparks Vorpommersche Boddenlandschaft, dessen landschaftliche Schönheit und Tier-

EXTRA-TIPP

Ab Semlow empfiehlt sich auch die L 18 als weitere Wegstrecke für einen Abstecher zum **Schloss Schlemmin**, der bedeutendsten Anlage im Tudor-/Neogotik-Stil in Vorpommern. Heute wird das Gebäude als Park- und Schlosshotel betrieben. Zurück auf unsere Tour geht es von hier aus auf der L 22 nach Behrenwalde.

www.schloss-schlemmin.de | **GPS** 54.22255, 12.67939

Das Wahrzeichen von Zingst ist die Seebrücke mit der Gondel.

reichtum besonders zu erwähnen sind. Mit einer Fläche von offiziell 786 Quadratkilometern ist er der größte des Bundeslandes Mecklenburg-Vorpommern und sogar der drittgrößte Deutschlands. Ein besonderes Schauspiel sind die zahlreichen Graukraniche, die in den hier zu findenden Windwatten ihre Schlafplätze haben.

Wir fahren entlang des Barther Boddens, mit Blick auf die Insel Große Kirr zum Hafen von Zingst. Der kleine gemütliche Hafen besteht in seiner jetzigen Gestalt schon seit 1993. Von hier aus hat man einen hervorragenden Blick bis zur Marienkirche in Barth. Fahrgastschiffe und Ausflugsboote legen hier an und bieten Rundfahrten über den Bodden und Linienfahrten unter anderem nach Stralsund und auf die Insel Hiddensee an.

Das unumstrittene Wahrzeichen von Zingst ist die Seebrücke mit der berühmten Tauchgondel. Ihr Vorgängerbau, ein Steg, war bereits 1947 aufgrund von Sturm und Eisgang abbruchreif geworden. Die neue Brücke wurde im Mai 1993 am Hauptübergang neben dem Kurhaus eingeweiht, ist 270 Meter lang und 2,50 Meter breit.

Fahrt vorbei an den für die Landschaft typischen reetgedeckten Katen.

Bunte Reethäuser

Quasi direkt an der Ostsee entlang geht es weiter nach Prerow. Bei der Vorbeifahrt kann ein Blick auf die

traditionellen, reetgedeckten Häuser mit den berühmten bunten Haustüren geworfen werden.

Durch Wieck und auch das folgende Born rollt man bestenfalls nur langsam und genießt dafür den Blick auf die vielen, den Weg säumenden alten Katen. Als nächster Stopp empfiehlt sich Born am Darß. Bei einem Besuch in diesem Boddendorf machen wir Rast im Café TonART .

Grenzweg an der Ostsee

Dann geht es weiter nach Ahrenshoop. Dabei kommen wir auf der L21 direkt am Nationalpark Vorpommersche Boddenlandschaft entlang. Durchquert man diesen, gelangt man zum berühmten Weststrand. Übrigens gehört der nun hinter uns liegende Teil der Halbinsel zu Vorpommern. Hier, ab dem Grenzweg in Ahrenshoop, befinden wir uns in Mecklenburg. Hier fahren wir quasi wieder direkt am Strand der Ostsee entlang.

Ahrenshoop gilt heutzutage als Künstlerort des Fischlandes. Ende des 19. Jahrhunderts entstand hier auf Initiative des Malers Paul Müller-Kaempff eine bekannte Künstlerkolonie. Viele Ateliers und der Kunstkaten als Ausstellungsraum für die Mitglieder der Kolonie wurden ins Leben gerufen.

Nicht weit nach der Ortseinfahrt empfiehlt sich daher ein Abstecher zum Kunstkaten Ahrenshoop am Strandweg 1, der direkt an der Hauptstraße liegt. Der Historie des Künst-

Ahrenshoop präsentiert sich geradezu idyllisch.

Kaffeestopp im Café TonART in Born.

Sanddorn ist die dominierende Beere dieser Region.

lerortes begegnet man am besten bei einem kurzen Besuch in diesem wunderschönen blauen Ausstellungs- und Veranstaltungshaus, und das für nur ein kleines Eintrittsgeld.

Nun fahren wir, immer von Ostsee und dem Saaler Bodden begleitet, weiter in Richtung Fischland. Hin und wieder kann man hier, wie auch anderenorts, die leuchtend orangenen Beeren des Sanddorns entdecken. Die stark Vitamin-C-haltige Frucht ist an der östlichen Ostsee seit jeher ein beliebtes Nahrungsmittel. Vom Sanddornsaft bis zu entsprechenden Bonbons gibt es sozusagen nichts, was es nicht gibt. Übrigens wird der Sanddorn auch als sehr begehrter Souvenirartikel in unterschiedlichsten Formen dargeboten.

Gegensätzliche Formen

Auf dem Fischland in Wustrow angekommen, ist das unmittelbare Nebeneinander der gegensätzlichen Küstenformen zu entdecken: der weitläufige Sandstrand mit der 230 Meter langen Seebrücke auf der raueren Meerseite und die sanfte Boddenlandschaft mit Schilfgürteln und saftigen Wiesen andererseits.

Gleich am Ortseingang rechts auf dem Parkplatz von Krull & Söhne, einer bestens sortierten Zweirad-Werkstatt, sollte man anhalten. Die alten Maschinen, die hier stehen, sind einfach zum Verlieben! Danach

Die traditionelle Zeese steht zur Ausfahrt auf den Saaler Bodden bereit.

geht es durch den Ort hindurch. An der Kirche links vorbei kann man die Räder wieder bis direkt an den Bodden rollen lassen.

Wieder an der Ostsee entlang, fahren wir durch Dierhagen nach Neuheide. Hier in der Natur-Schatzkammer Edelstein- & Bernsteinzentrum werden neben einzigartigen Edelsteinen auch Bernsteine, Muscheln und vieles mehr gezeigt. Direkt daneben befindet sich der sehr zu empfehlende Rastplatz für den kleinen Hunger, bei dem angemeldete Gruppen einen leckeren Imbiss für kleines Geld bekommen.

Das Bernsteinzentrum in Neuheide ist eine Fundgrube (links). Danach geht es Richtung Graal-Müritz (oben).

Auf dem weiteren Weg kommen wir am Freilichtmuseum Klockenhagen vorbei. Wer etwas Zeit mitgebracht hat und sich für die regionale Geschichte interessiert, sollte hier unbedingt halten.

Nase im Wind

Auf sanft dahingleitenden Straßen fährt man ins Ostseeheilbad Graal-Müritz, wo der lange und breite Ostseestrand einen kurzen Besuch lohnt. Herrlich, hier einmal kurz die Nase in den Wind zu halten! Graal-Müritz ist

Das Rostocker Tor in Ribnitz ist eines der ältesten erhaltenen Stadttore der Region.

übrigens bekannt für seinen berühmten Rhododendronpark. Alljährlich findet hier im Frühsommer ein Fest mit vielen Aktionen statt.

Durch die Rostocker Heide cruisen wir man nun entspannt Richtung Röversvhagen zu Karls Erlebnisdorf, in dem man selbst gemachte Produkte kaufen kann. Der Parkplatz ist mittlerweile zum Großteil asphaltiert.

Bernsteinstadt

Weiter geht es in die Bernsteinstadt Ribnitz-Damgarten, für und mit seinem Bernsteinmuseum weit über die Grenzen bekannt. Hier fahren wir zunächst zum Rostocker Tor. Der schöne Hafen ist auf jeden Fall auch einen kleinen Abstecher wert. Sehenswert sind außerdem die im Jahr 1233 errichtete Ribnitzer Marienkirche

und das Klarissenkloster von 1323/34 mit dem besagten Bernsteinmuseum. Die Fahrt führt nun ins Untere Recknitztal nach Marlow, wo ein berühmter Fertighaus-Hersteller, die Brauerei und der Vogelpark beheimatet sind.

Auf mitunter schon etwas kurvigeren Straßen geht es über Semlow nach Eixen. Ab da gibt es ein ganz besonderes fahrerisches Schmankerl: Ein wunderschön hügeliger landwirtschaftlicher Nutzweg wurde hier neu asphaltiert und bietet daher jede Menge Fahrspaß.

Nun ist es nicht mehr weit bis zum Altstadt Hotel zur Post Stralsund, welches über Steinhagen schnell erreicht ist und als BASECAMP OSTSEE TOURER bekannt ist.

INFOS ZUR TOUR

CHARAKTERISTIK

Die Strecke besticht weniger mit berauschenden Kurven, dafür mehr mit zum Cruisen verführenden lang gezogenen Wegen und Küstenstraßen. Besonders schön auf dem ersten Teil der Strecke ist der fast stetige Blick aufs Wasser. Auf der Rückfahrt im Hinterland geht es dann schon etwas kurviger zu, wobei sich Berg- und Talfahrten mit nur ein paar wenigen Steigungen, gelinde gesagt, in Grenzen halten. Dafür entschädigt der einmalige Blick durch die Baumalleen auf die weiten Felder und Wiesen.

STRÄNDE

Zingst: Das ist sauberster, feiner, endloser Strand am Stück. Das Wasser hier ist von herzhafter Frische und leuchtet in Azurblau.
Ahrenshoop: Ein naturbelassenes, nahezu malerisches Badeparadies vor einer beeindruckenden Steilküste. Die günstige West-Lage ermöglicht ein Sonnenbad bis spätabends.
Graal-Müritz: Klassisch für die östliche Ostsee zeichnet sich der feinkörnige Sandstrand durch seine großzügige Länge wie auch Breite, aus.

ÜBERNACHTUNG

Altstadt Hotel zur Post Stralsund
Tribseer Straße 22, 18439 Stralsund
Ein ausgewiesenes Bikerhotel in der Altstadt Stralsunds, auch als BASECAMP OSTSEE TOURER bekannt, mit extra großer und bestens ausgestatteter MOTOBIKE-AREA in der Tiefgarage. Der Inhaber veranstaltet regelmäßig selbst Motorradreisen und -touren.
www.hotel-zur-post-stralsund.de
GPS 54.31091, 13.08696

Hotel Speicher Barth
Am Osthafen 2, 18356 Barth
Direkt am Barther Hafen gelegen, hat das Hotel einen optimalen Standort für Touren an der Ostseeküste. Fahrzeuge parken direkt am Haus, eine Garage ist nicht vorhanden.
www.speicher-barth.de
GPS 54.37037, 12.73148

KOMBINATIONSMÖGLICHKEITEN

Diese Tour lässt sich nach Westen hin ganz einfach mit Tour 5 verbinden.

Um den Großen **Jasmunder Bodden**

Deutschlands größte Insel an einem Tag zu erkunden ist machbar, dann bleibt aber nicht mehr viel Zeit, ihre Schönheiten und Sehenswürdigkeiten auf sich wirken zu lassen. Deshalb haben wir zwei Touren über dieses beeindruckende Eiland konzipiert. Diese erste führt zunächst durch den touristisch eher unbeachteten Süden und Westen, um dann mit Höhepunkten wie dem Kap Arkona und dem Kreidefelsen Königsstuhl aufzutrumpfen. Zurück geht es zwischen den beiden Jasmunder Bodden hindurch und sogar kurz über beide hinweg.

Die Rügenbrücke über den Strelasund.

Die altehrwürdige Hanse- und Weltkulturerbestadt Stralsund ist für Gäste wirklich günstig gelegen, denn sie bietet vielfältige Möglichkeiten zu Ausflügen auf die nahe gelegenen großen Ostseeinseln. Rügen liegt hier quasi vor der Haustür, wenn man wie wir unsere Nord-West-Rügen-Tour in Angriff nehmen möchte.

Vom „Altstadt Hotel zur Post Stralsund", Stammsitz des BASECAMP OSTSEE TOURER, aus geht es über die Rügenbrücke, einem hochmodernen Brückenbauwerk mit einem markanten Doppel-Pylon über der Meerenge Strelasund. Es ist wirklich ein einzigartiges Erlebnis für alle, über die Hochbrücke hinauf und wieder hinunter auf die Insel Rügen zu fahren.

Von ihrem höchsten Punkt aus, direkt unter dem Pylon auf circa 42 Metern, eröffnet sich ein atemberaubender Panoramablick in alle Richtungen. Doch Vorsicht! Mit zugelassenem Tempo bis zu 100 km/h besitzt diese und die sich anschließende neue B 96n Autobahnstatus.

Doch hier wollen wir gar nicht lange Strecke machen und biegen bald links ins Ländliche ab. Den südlichen Teil Rügens zeichnet vor allem sein stilles Hinterland am Strelasund bzw. am Kubitzer Bodden aus. Es sind keine Touristenscharen unterwegs, hier und dort stehen ein paar Windräder und es ist möglich, in Ruhe kleinere Straßen und Feldwege zu befahren oder an einem menschenleeren Strand zu sitzen.

Nur ab und an kurz auf grobem Schotter, passieren wir kleine Dörfer wie Rothenkirchen, Dreschvitz und Unrow hauptsächlich auf gutem Asphalt, immer in Richtung Norden bis auf die kleine Insel Ummanz. Diese ist ebenfalls mit ruhiger, natürlicher Landschaft gesegnet. Hier ist es flach, nahezu baumlos und daher ist diese Gegend auch ein Vogelschutzgebiet von internationalem Rang.

Vom Altstadt Hotel zur Post (links) geht es nach Waase auf Ummanz am Kubitzer Bodden (oben).

Blick auf die Schwester

Außerdem betreiben hier die bekanntesten Bauernfamilien Rügens, die Kliewes und Langes, ihre Erlebnisbauernhöfe und wir können am Bodden fantastisch auf den Norden von Rügens kleinerer Schwesterinsel Hiddensee mit dem Dornbusch-Leuchtturm hinüberblicken.

Über den historischen Handwerkerort Gingst mit besonders schönem Dorfkern weiter nach Silenz und Trent, wo es im dortigen Gasthaus Fähr Eck immer noch das tollste Eis der Insel geben soll, tut man danach gut, einen recht schönen Landweg, teilweise durch alte Baumalleen, bis zur Wittower Fähre Trent/Wiek zu nehmen. Diese kleine Autofähre führt

Imposante Windräder nördlich der Rügenbrücke.

Neu gestalteteter Hafen von Wiek.

über den Rassower Strom vom sogenannten Muttland auf die nördliche Rügener Halbinsel Wittow.

Der dortige Ort Wiek galt im Jahr 1819 einmal als bevölkerungsreichstes Dorf Rügens. Dies war dem Fischereihafen, dem Kreideabbau und später dem Militär geschuldet. Im neu gestalteten Hafen mit Marina sowie der sanierten alten Kreidebrücke – einem Industriedenkmal und schwebende Promenade – empfiehlt sich ein Halt beim Flotten Fisch. Das tun auch wir, denn dieser Fischimbiss steht erfahrungsgemäß für vollends überzeugende Frischware, beste Zubereitungsideen und rundum freundliches Personal.

AUTOREN-TIPP

Für einen motorradfreien Tag sei ein Besuch der bezaubernden **INSEL HIDDENSEE** empfohlen, denn diese ist autofrei. Besonders die den schönen Künsten erlegenen Mitmenschen, Schriftsteller, Dichter, Maler und Schauspieler, begründeten nach Ende des Ersten Weltkriegs Hiddensees Ruf als Künstlerinsel. Dies hält bis heute an. Der Dichter Gerhart Hauptmann (1862-1946) beispielsweise weilte viele Jahrzehnte jeweils zur Sommerzeit auf Hiddensee. Sein Haus ist heute ein Museum. Bei klarem Wetter schweift der Blick auf das benachbarte Rügen und vom Dornbusch aus ist die Kreideküste der dänischen Insel Møn zu sehen.

www.hiddensee.de | GPS 54.55544, 13.10771

Highlight Kap Arkona

Von hier durchqueren wir Wittow. Das nördliche „Windland“ wird seinem sprechenden Namen auch meistens gerecht, und wir biegen, windumtost, nach Kuhle rechts, in Richtung des touristisch viel bekannteren Ostens, ab. Über Putgarten erreichen wir das erste Highlight dieser Tour: das Kap Arkona, eine der bekanntesten Touris-

tenattraktionen Rügens. Hier steht die Jaromarsburg. Ursprünglich war sie im Besitz des slawischen Ranenstammes, im Zuge der Christianisierung wurde sie jedoch im Jahr 1168 unter dem dänischen König Waldemar I. durch Bischof Absalon erobert.

Seine heutzutage drei weithin sichtbaren Türme liefern die typischen Fotomotive, die jeder Besucher von hier mitbringt. Rau und wild präsentiert sich die Ostsee an der imposanten nördlichsten Spitze Rügens, der Strand zu Füßen der Steilküste ist steinig, aber viele Rüganer schwören auf dessen wunderschöne Einsamkeit.

Uferpredigten für Fischer

Weiter geht es für uns durch Vitt, das kleine reetgedeckte Fischerdorf in einer Uferschlucht an der Steilküste. Dessen kleine oktogonale Kapelle entwarf der Berliner Baumeister Karl Friedrich Schinkel auf Engagement des Altenkirchener Pastors Ludwig Gotthard Kosegarten. Er hielt an dieser Stelle an der Klippe seine regional bekannten Uferpredigten, da die Fischer nach dem Hering Ausschau halten mussten und daher keine Zeit für einen Kirchenbesuch fanden.

Eine Landstraße bringt uns danach über Altenkirchen mit dem ältes-

Die Leuchttürme von Kap Arkona am nordöstlichsten Punkt Deutschlands.

Der Strand Vitt am Kap Arkona.

Fahrt vom Norden auf den Königsstuhl (unten), wo sich die berühmten Kreidefelsen befinden (rechts).

ten Pfarrkirchenbau der Insel, aus der Mitte des 12. Jahrhunderts, ins Seebad Juliusruh.

Zwischen den Orten Breege-Juliusruh und Glowe verläuft die Schaabe, eine riesige, fast zwölf Kilometer lange, natürliche Badebucht aus feinem Strandsand. Zu DDR-Zeiten befand sich hier im Sommer das Mekka der Freikörperkultur an der unbewachten Ostsee mit einem einmaligen Blick über den langen Strand zwischen den Halbinseln Wittow und Jasmund. Auch heute noch gilt die Schaabe als einer der beliebtesten natürlichen Strände auf der ganzen Insel.

Entlang des vom Kiefernwald gesäumten Strandes, führt die gut ausgebaute Strecke bis Glowe, wo man ein Bauwerk der ganz besonderen Art passiert: Das Strandrestaurant Ostseeperle hat die Form einer angekippten Hyparschale. Sie wurde 1968 vom Rügener Betonschalen-Baumeister Ulrich Müther geschaffen.

Viele Kurven

Zum nächsten Highlight, dem Königsstuhl, geht es vorbei an Lohme. Hier schlägt das Bikerherz sofort höher, denn neben dem wunderschönen Höhenblick vom Lohmer Steilufer

EXTRA-TIPP

Alljährlich finden auf der Naturbühne in Ralswiek, zu Füßen des Schlosses und mit Blick auf den Großen Jasmunder Bodden, die **STÖRTEBEKER FESTSPIELE** statt. Sie zeigen die Abenteuer des berühmten Piraten Klaus Störtebeker, wie sie sich tatsächlich zugetragen haben könnten – immer wieder aus einem neuen Blickwinkel. Viele Bewohner der Insel Rügen wirken dabei als Laiendarsteller oder Helfer mit.

www.stoertebeker.de | GPS 54.47582, 13.44649

aufs Wasser genießt man hier eine schon fast „bergige“ Straße mit vielen Kurven.

Die nordöstliche Halbinsel Jasmund, auf der man sich hier befindet, mit der sich auf circa 15 Kilometern zwischen Lohme und Sassnitz erstreckenden wildromantischen Kreideküste ist der wohl bekannteste Ort der Insel Rügen. Der 118 Meter hohe

Der Naturhafen von Sassnitz ist ein schönes Ausflugsziel.

Sassnitz ist die bedeutendste Hafenstadt Rügens.

Kreidefelsen Königsstuhl, das Wahrzeichen der Insel, befindet sich inmitten des etwa 30 Quadratkilometer umfassenden Nationalparks, dessen ursprüngliche alte Buchenwälder auf der Weltnaturerbe-Liste verzeichnet sind. Seit das Areal rund um den Kreidefelsen zum Nationalpark-Zentrum Königsstuhl gehört, ist sein Besuch kostenpflichtig. Wandert man den dortigen Hochuferweg in beide Richtungen weiter, eröffnen sich auf beiden Seiten aber ebenso grandiose und kostenlose Blicke auf den Königsstuhl.

Die gesamte Kreidefelsformation in dieser Region fällt fast senkrecht zum Wasser hin ab. Immer wieder kommt es zu Abbrüchen entlang der Küste, so auch am 24. Februar 2005, als die berühmten Wissower Klinken, die einst von dem Romantiker Caspar David Friedrich auf Leinwand festgehalten wurden, in die Tiefe stürzten. Aus diesem Grund sind alle Gäste unbedingt angehalten, die ausgewiesenen Wege nicht zu verlassen, den direkten Rand der Steilküste nie zu betreten sowie auch die Strände unterhalb gefährdeter Abbruchstellen in jedem Fall zu meiden, sobald diese gesperrt sind.

Maritimes Flair am Sassnitzer Hafen.

Trotzdem kommt es leider immer wieder zu tragischen Unglücksfällen.

Im Waldgebiet Stubnitz mit seinen Mooren und Sümpfen liegen auf 136 Metern über dem Meeresspiegel außerdem die Herthaburg, ein slawischer Burgwall aus dem 7. Jahrhundert, der wahrscheinlich einen Tempel umschloss, sowie der angrenzende Herthasee. Um diese Gegend rankt sich ein großer Sagenkreis.

Leckeres Fischbrötchen

Wir bewegen uns nun in die bedeutendste Hafenstadt Rügens. Am Beginn von Sassnitz sowie in der Hafenstraße gibt es dabei unebenes Kopfsteinpflaster. Das Flair des Sassnitzer Stadthafens mit seiner modernen geschwungenen Fußgänger-Hängebrücke, die aus der Höhe des Altstadtzentrums in den Hafen hinunterführt, und der längsten Außenmole Europas ist ein ganz besonderes. Hier lohnt ein Stopp immer, und sei es nur, um bei Kutter- und Küstenfisch Rügen richtig leckere, frischeste Meeresware zu essen. Zumindest ein Fischbrötchen passt auch bei uns immer – und zwischen U-Boot, Fischkuttern, Töpferwaren, Fischereimuseum, Kneipen und Restaurants lockt das Fernweh.

Nun führt unsere Strecke in Richtung Großer Jasmunder Bodden, genauer gesagt nach Sagard, dem zweitgrößten und -bedeutendsten Ort auf der Halbinsel Jasmund. Weiter auf der B 96, überfährt man kurz hinter Lietzow eine Brücke, die über einen Ablauf führt, der den Großen mit dem Kleinen Jasmunder Bodden verbindet. An der schmalsten Stelle über dieser tollen Szenerie thront weithin sichtbar das kleine Schlösschen Lichtenstein von 1893, welches sich heute wieder in Privathand befindet.

Durch waldreiches Gebiet geht es zwischen den beiden Bodden ins Zentrum der Insel, in Richtung Bergen. Die St.-Marien-Kirche ist das älteste

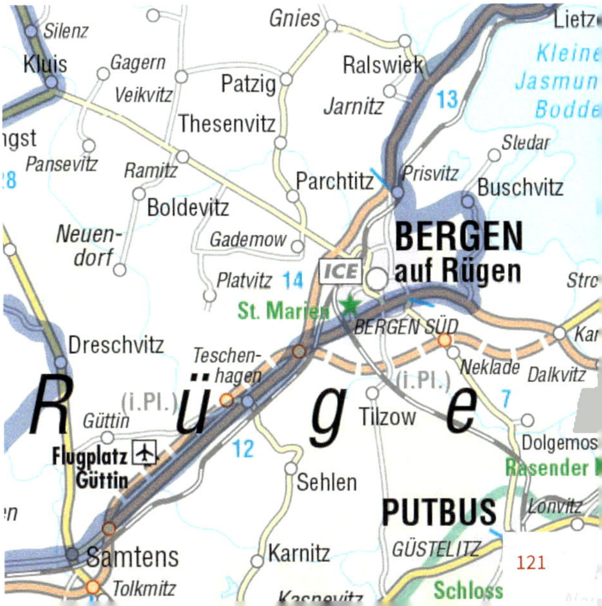

Oberhalb des Großen Jasmunder Boddens thront das Schloss Ralswiek.

Gebäude der Stadt und zusammen mit der Pfarrkirche Altenkirchen sogar das älteste Bauwerk der ganzen Insel. Sie ist berühmt für ihre einzigartigen, kompletten Wandmalereien, deren älteste Bereiche aus der Romanik stammen und in Norddeutschland so nur noch sehr selten zu finden sind.

Wir fahren jetzt jedoch nicht durch Bergen hindurch, sondern biegen kurz vorher in Richtung Kleiner Jasmunder Bodden ab, an den man in Buschvitz ganz nah heranfährt. Die Rügener Boddenlandschaft begeistert auch hier mit ihrer Möglichkeit zur Vogelbeobachtung. Über Tetel führt die Route dann auf die B 196 und die B 96n.

Sehenswerte Bauten

Nach Samtens erreicht man schließlich Rambin. Die Kapelle des ehemaligen Klosters beherbergt heute eine Galerie mit wechselnden Ausstellungen. In der Kapelle Bessin sind mittelalterliche Malereien und ein prächtiger Kanzelaltar zu bestaunen. Zudem bietet der Rambiner Ortskern einige sehenswerte Bauwerke, wie beispielsweise die St.-Johannis-Kirche und die ehemalige Poststation.

Das letzte Teilstück der Nord-West-Rügen-Tour führt uns erneut über die Rügenbrücke zurück zum Ausgangsort: in die Hansestadt Stralsund.

INFOS ZUR TOUR

CHARAKTERISTIK

Im Allgemeinen sind die Rügener Straßen, wie überall an der Ostseeküste, gut ausgebaut und bequem zu befahren. Auf dieser Tour bieten sich besonders zu Beginn, im ruhigen Hinterland der Insel, kleinere Straßen und Feldwege an. Den ersten Anstieg gilt es im Norden hinauf zum Kap Arkona zu erklimmen. Richtigen Fahrspaß und für hiesige Verhältnisse einen kleinen Kurvenrausch bringt der Streckenabschnitt zum und vor allem ab dem Kreidefelsen Königsstuhl auf der urwüchsigen Halbinsel Jasmund.

STRÄNDE

Insel Hiddensee: Baden ist auf Hiddensee an jedem Ort gut möglich, jedoch gilt der Strand nördlich von Neuendorf als der beste. Nichtschwimmer bitte aufpassen, schon nach wenigen Metern wird es tief. Das Wasser ist meist recht kühl.

Schaabe zwischen Juliusruh und Glowe: Ein naturbelassenes, nahezu karibisch anmutendes Badeparadies ist der Strand auf dieser Nehrung vor den dichten Kieferwäldern. Für ausreichend Verpflegung sollte gesorgt sein, da dort das Motto „Natur pur“ gilt.

ÜBERNACHTUNG

Altstadt Hotel zur Post Stralsund

Tribseer Straße 22, 18439 Stralsund

Ausgewiesenes Bikerhotel in der Altstadt Stralsunds mit extra großer und bestens ausgestatteter MOTOBIKE-AREA in der Tiefgarage. Der Inhaber veranstaltet selbst Motorradreisen und -touren.

www.hotel-zur-post-stralsund.de/

GPS 54.31091, 13.08696

KOMBINATIONSMÖGLICHKEITEN

Wem diese Tour noch „zu wenig Rügen“ ist, weil sie den touristisch bekannteren Südosten der Insel mitsamt den großen Ostseebädern Binz, Sellin, Baabe und Göhren ausschließt, der kann sie auch ganz einfach ab Sassnitz mit Tour 8 verbinden und so die ganze Insel umrunden.

Stralsunds Hafenskyline im Abendlicht.

Weltkulturerbe am Strelasund

Die als UNESCO-Weltkulturerbe anerkannte Altstadt Stralsunds liegt am Strelasund, einer Meerenge der Ostsee zwischen der Hansestadt Stralsund und der Insel Rügen.

Bereits 1234 erhielt Stralsund das Stadtrecht und kam als Gründungsmitglied der Hanse, in der ab 1259 mit anderen Städten der Wendische Städtebund ins Leben gerufen wurde, zu Wohlstand.

Im Dreißigjährigen Krieg konnte Stralsund sich mit Hilfe von Schweden und Dänemark erfolgreich gegen Wallensteins Truppen wehren und gehörte danach 200 Jahre zum schwedischen Königreich. 1815 trat dieses Stralsund an Preußen ab. Am 6. Oktober 1944 wurde die Stadt bei Fliegerangriffen der Amerikaner weitgehend zerstört, hunderte Menschen verloren ihr Leben und ihr Zuhause.

Nach dem Zweiten Weltkrieg war Stralsund Teil der sowjetischen Besatzungszone Deutschlands und gehörte bis zur Wende zur Deutschen Demokratischen Republik (DDR).

Ab 1990 wurde der historische Stadtkern mit Hilfe von Programmen zur Städtebauförderung und städtebaulichem Denkmalschutz aufwendig saniert. 2002 nahm die UNESCO die historischen Altstädte von Stralsund und Wismar gemeinsam in das Weltkulturerbe auf, was zu einem weiteren erheblichen Investitionsschub in Baudenkmäler und Infrastruktur führte.

HEUTE hat Stralsund knapp 60 000 Einwohner und ist mit seiner Altstadt als Flächendenkmal und deren zahlreichen Sehenswürdigkeiten ein Touristenmagnet.

Leicht lassen sich die Altstadt, das Meeresmuseum, die Hafeninsel mit dem europaweit beachteten OZEANEUM, die großen Stadtkirchen und Klöster, der Großsegler Gorch Fock I, das gotische Rathaus am Alten Markt zu Fuß erkunden.

Vom Hafen aus sieht man die Rügenbrücke, Deutschlands größte Schrägseilbrücke, die das Festland, neben dem Rügendamm, über den Strelasund mit der benachbarten Insel verbindet. Auch nach Usedom und Hiddensee oder zur Halbinsel Fischland-Darß-Zingst ist es nicht weit, sodass sich eine Vielzahl von Tagesausflügen anbietet.

Alljährlich organisiert die Hansestadt Sport- und Kulturveranstaltungen, wie unter anderem die Stralsunder Segelwoche, das Hafenfest, die Wallensteintage, Open-Air-Theateraufführungen an der Strandpromenade oder den Rügenbrücken-Marathon.

WIRTSCHAFT Neben dem Tourismus als mächtigem Wirtschaftsfaktor spielt der Schiffbau mit der übergroßen Werfthalle nach wie vor eine Rolle. Ein weiterer großer Arbeitgeber ist die Marinetechnikschule in Parow, die größte Ausbildungsstätte der deutschen Marine mit über 2 000 Soldaten. Außerdem ist Stralsund eine aufstrebende Hochschulstadt mit praxisnahen Studiengängen und besten Studienbedingungen.

Die Gorch Fock I im Hafen von Stralsund.

BEI EINEM BUMMEL durch Stralsunds Altstadt mit Einkaufsstraßen und schönen Plätzen oder einem Abstecher zum Hafen mit Blick auf Rügen bieten eine Vielzahl gastronomischer Betriebe etwas für jeden Geschmack und Geldbeutel. Wer nicht nur einen Tag bleiben möchte, wird auch für die Nacht etwas Passendes finden.

INFOS UND ZIMMERNACHWEISE gibt es bei der Tourismuszentrale der Hansestadt Stralsund, Alter Markt 9 in 18439 Stralsund, natürlich auch im Internet auf **www.stralsundtourismus.de** oder vorab per E-Mail unter **info@stralsundtourismus.de**.

Zwischen Prorer Wiek **und Strelasund**

Von Stralsund geht es über die Rügenbrücke auf Deutschlands größte Insel. Nach der Fahrt „einmal über die ganze Insel“ sowie der Durchquerung von Sagard, führt die Strecke entlang der Ostsee bis in Rügens größtes Ostseebad Binz. Um das Waldgebiet Granitz herum verläuft die Tour anschließend durch die Ostseebäder Sellin, Baabe und Göhren bis auf die Halbinsel Mönchgut. Auf dem Weg zurück nach Stralsund wird kurzfristig auch ein Teil der Deutschen Alleenstraße befahren.

Die typischen Baumalleen von Rügen.

TOUREN-STECKBRIEF

BASISORT

Stralsund (GPS 54.31201, 13.07629)

STRECKENLÄNGE

ca. 195 km

DAUER DER TOUR

3-4 Stunden

ROADBOOK

Stralsund, Rügenbrücke, Rambin, Samtens, Sagard, Neu Mukran, Prora, Binz, Sellin, Baabe, Göhren, Lobbe, Thiessow, Klein Zicker, Thiessow, Lobbe, Baabe, Lauterbach, Putbus, Garz, Losentitz, Fähre Glewitz-Stahlbrode, Stahlbrode, Reinkenhagen, Abtshagen, Elmenhorst, Teschenhagen, Stralsund

HIGHLIGHTS

Für Geschichtsinteressierte ist das Dokumentationszentrum in Prora (GPS 54.43871, 13.57306) einen Halt wert. Es zeigt die Geschichte des ehemaligen nationalsozialistischen Seebades. Fahrerisch ist sicher der Teil ab Sassnitz mit dem fast steten Blick auf Ostsee und/oder Rügischen Bodden und besonders die Fahrt auf einem Teil der Deutschen Alleenstraße (GPS 54.33683, 13.40959) etwas Besonderes.

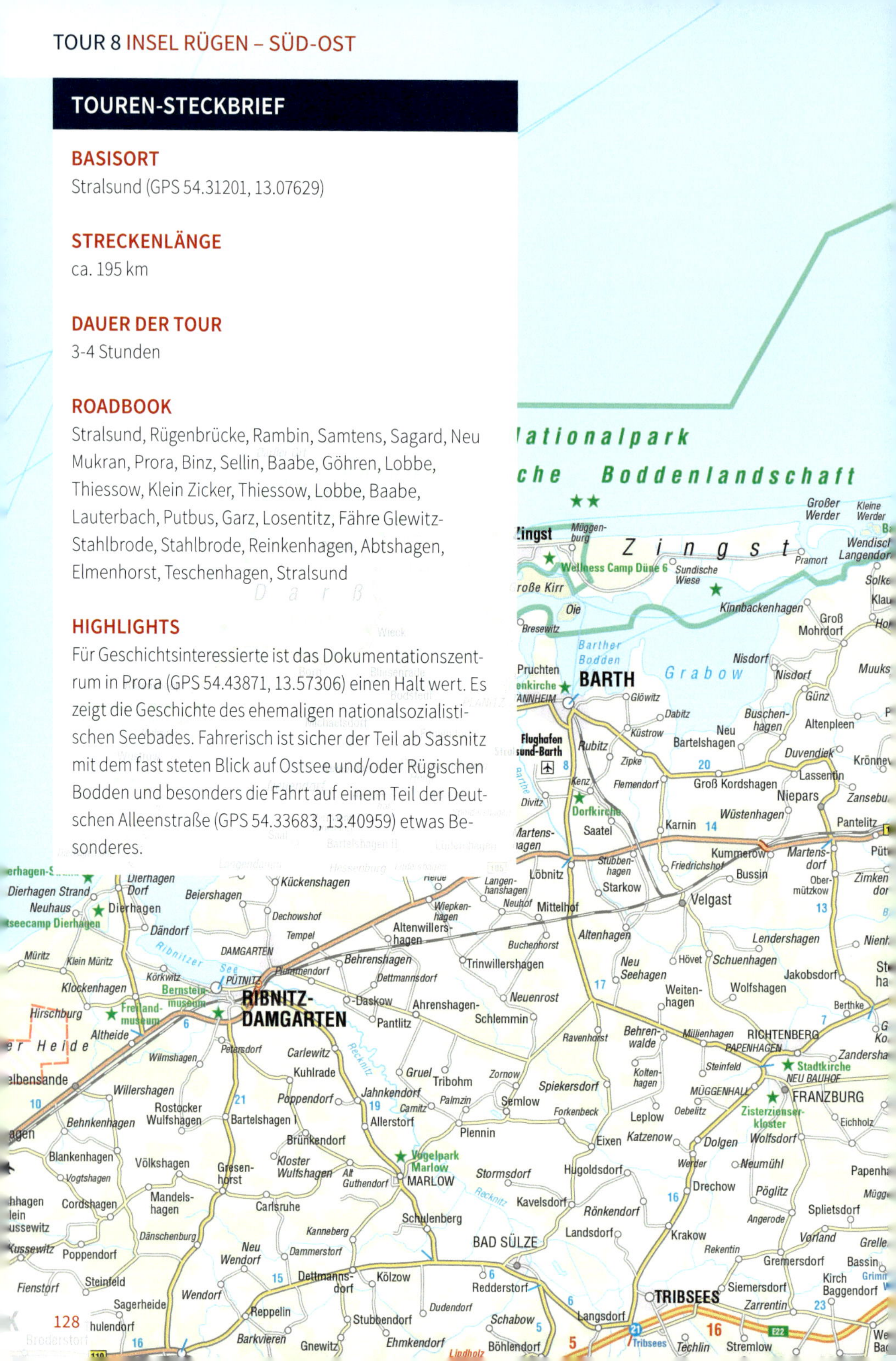

Küstencamp
Mattchow
Vitt
Putgarten
Gramtitz
Lancken
Tromper
Wiek
Dranske
Starrvitz
Gudderitz
Altenkirchen
Wieker Bodden
Wiek
Lanckensburg
Backsteinhalle
Drewoldke
Juliusruh
Wittow
Breege
Dornbusch
Zürkvitz
Lobkevitz
Schaabe
Libben
Bischofsdorf
Schmantevitz
Kammin
Kloster
Grieben
Bug
Glowe
Ruschvitz
Lohme
Blandow
Gr. Stubbenkammer
Königstuhl
Kl. Stubbenkammer
Nardevitz
Nipmerow
Hagen
Victoriasicht
Vitte
Fährhof
Vieregge
Baldereck
Spycker
Neddesitz
Gummanz
Nationalpark
Jasmund
Wissower Klinken
Hiddensee
Wittower Fähre
Breetzer Bodden
Rassower Strom
Insel
Laase
Polchow
Großer Jasmunder Bodden
Marlow
Sagard
Buddenhagen
Museum für Unterwasserarchäologie
Vaschvitz
Fischersiedlung
Reetz
Neuenkirchen
Tetzitzer See
Neuholstein
Charlottendorf
Granskevitz
Trent
Neuendorf
Tetzitz
Groß Banzelvitz
Dobberworth
Lancken
SASSNITZ
Udars
Schaprode
Tribbevitz
Rappin
Borchtitz
Semper
Dubnitz
Schaproder Bodden
Freesen
Bubkevitz
Kartzitz
Moisselbritz
Lüssmitz
Fährhafen Sassnitz
Lietzow
Schweikvitz
Gnies
Silenz
Kluis
Gagern
Veikvitz
Ralswiek
Kleiner Jasmunder Bodden
Schmale Heide
Prorer Wiek
Ummanz
Haide
Rügen Park
Gingst
Patzig
Jarnitz
Thesenvitz
Prora
Suhrendorf
Dorfkirche
Waase
Pansevitz
Ramitz
Stedar
Wusse
Mursewiek
Ummanz
Boldevitz
Parchtitz
Prisvitz
Buschvitz
Freesenort
Groß Kubitz
Neuendorf
Gademow
BERGEN auf Rügen
Kiekut
Camping Meier
Lieschow
Steinshof
Platvitz
St. Marien
Streu
Lubkow
Ostseebad Binz
Lüßvitz
Unrow
BERGEN SÜD
Karow
Schmachter See
Kubitzer Bodden
Dreschvitz
Teschenhagen
Nekade
Dalkvitz
Zirkow
Wasserwelt 'Nemo'
Sellin
Libitz
Rügen
Güttin
Tilzow
Pantow
Jagdschloss Granitz
Tempelberg 107
Flugplatz Güttin
Dolgemost
Rasender Roland
Selliner See
Baabe
Sehlen
Neuensien
Reger Göhren
Grabitz
Rothenkirchen
PUTBUS
Lonvitz
Vilmnitz
Nistengräber
Lancken-Granitz
Seedorf
Strelasund
Breesen
Rambin
Samtens
Karnitz
GÜSTELITZ
Biosphärenreservat
Tolkmitz
Kasnevitz
Lauterbach
Gobbin
Middelhagen
Göhren
Scharpitz
Frankenthal
Berglase
Wreechen
Neuendorf
Neu Reddevitz
Having
Alt Reddevitz
Mönchgut
OZEANEUM Deutsches Meeresmus.
Altefähr
Kowall
Schlosspark
Südost-Rügen
Lobbe
Jarkvitz
Götemitz
Krakvitz
Neukamp
Vilm
Gager
Saalkow
Groß Stubben
GARZ
Neukamp
Nikolaikirche
Grahlhof
Warksow
Rosengarten
Groß Zicker
Dänholm
NAUTINEUM
Gustow
Dumsevitz
Klein Zicker
Thiessow
STRALSUND
Sissow
Poseritz
Swantow
Silmenitz
Rügischer Bodden
Südperd
ANDERSHOF
Glutzow Siedlung
Mellnitz
Groß Schoritz
Thiessower Haken
Groß Lüdershagen
Venzvitz
Pritzwald
Devin
Üselitz
Zudar
Zicker
Deviner See
Neuhof
Poppelvitz
Schoritzer Wiek
Brandshagen
Losentitz
Glewitz
Grabow
Zarrendorf
Oberhinrichshagen
Stahlbrode
Wüstenfelde
Brennerhof
Reinberg
Greifswalder Bodden
Ahrendsee
Rubelow
Hankenhagen
Falkenhagen
Neu Miltzow
Behnkendorf
Dömitzow
Riems
Klein Behnkenhagen
Miltzow
Riemserort
Koos
Kakernehl
Hildbrandshagen
Kirchdorf
Gristow
Insel Koos
Wilmshagen
Karrendorf
Glashagen
Stoltenhagen
Leist I
Lubmin
Industriegebiet Lubmin
Freest
Mesekenhagen
Bremerhagen
Segebadenhau
Wendorf
Wampen
Vierow
Kröslin
Groß Lehmhagen
Willerswalde
Horst
Groß Petershagen
Immenhorst
Neuenkirchen
Loissin
Wusterhusen
St.-Marien-Kirche
Wüst Eldena
Brünzow
Rubenow
Bartmannshagen
Willershusen
Wackerow
Marienkirche
GREIFSWALD
Ludwigsburg
Pritzwald
LADEBOW
WIECK
Klosterruine Eldena
Appelshof
Kaschow
Stilow
Groß Ernsthof
Ziesebruch
Neuendorf
Levenhagen
Heilgeisthof
Dom St. Nikolai
Pommersches Landesmus.
ELDENA
Kemnitz
Rappenhagen
Lodmannshagen
Vietlipp
Kreutzmannshagen
Klevenow
Stralsund
Grimmen-Ost
Griebenow
SCHÖNWALDE
Kemnitzerhagen
Neu Boltenhagen
Kühlenhagen
WOLGAST
Boltenhagen
Wüsteney
Greifswald
Hinrichshagen
Friedrichsfelde
Guest
Diedrichshagen
Hanshagen
Jägerhof
Poggendorf
Zarnewanz
Weitenhagen

Teil der ehemaligen Stadtbefestigung von Stralsund (oben) und eine schöne Baumallee (unten).

Aus der Altstadt Stralsund starten wir direkt an der aus dem jungen 14. Jahrhundert stammenden Stadtmauer, die heute noch gut erhalten ist und jüngst nochmal restauriert wurde. Von den ehemals zehn Stadttoren stehen heute noch zwei. Eines davon ist das Kütertor, welches in seiner heutigen Ansicht aus dem Jahre 1446 stammt. Dort beginnen wir unsere Tour. Auf direktem Weg über die B 96n durch Rambin und Samtens führt die Route zuerst um Bergen herum und zwischen dem Großen und Kleinen Jasmunder Bodden hindurch über Lietzow auf die Halbinsel Jasmund in Richtung Sagard.

Begegnung mit Mufflons

Noch bevor wir dieses erreichen, halten wir uns rechts, um dann vom südlichen Rand der Hafenstadt Sassnitz, dem modernen Fährhafen Sassnitz-Mukran, aus erneut gen Süden durch das Gebiet Schmale Heide zu touren. Dort an der Prorer Wiek liegt das so genannte Steinerne Meer, die großen Rügener Feuersteinfelder, auf etwa 40 Hektar. Eine Serie von Sturmfluten vor 3 500 bis 4 000 Jahren löste diese Steine aus dem Kreidekliff der Halbinsel Jasmund heraus und lagerte sie durch Küstenausgleichsprozesse

hier an. Aufgrund der relativen Höhe der unfruchtbaren Feuersteinschicht von mehreren Metern existiert in diesem Gebiet bis heute nur ein spärlicher Heidebewuchs. Auch die dort angesiedelten Mufflons stellen einen echten Gegensatz zur feinsandigen Prorer Stranddüne und dem Ostseeufer auf der anderen Seite des dazwischen liegenden Nadelwaldes dar.

Aufbruch in die Moderne

Praktisch gegenüber zieht sich auf einer Länge von 4,5 Kilometern das ehemalige KdF-Seebad Rügen, welches die Nationalsozialisten in den Jahren 1936 bis 1939 errichteten, an der Ostsee entlang. In diesem baugleichen fünfstöckigen Betonkomplex sollten durch die Organisation „Kraft-durch-Freude" 20 000 Menschen gleichzeitig Urlaub machen können. Der „Koloss von Prora" blieb jedoch unvollendet und wurde ab 1950 zu einer der monumentalsten Kasernenanlagen der DDR ausgebaut, was dazu führte, dass das Betreten des dazugehörigen Strandes strengstens verboten war.

Das Dokumentationszentrum Prora gibt vor Ort Einblicke in die Zeit der Entstehung dieses gigantischen Areals. Anhand interessanter Modelle sowie des ausführlichen Archiv- und

Gigantisches Relikt vergangener Zeiten: „Der Koloss von Prora".

Binz ist ein mondänes Ostseebad, das größte auf der Insel Rügen.

Fotomaterials wird man dort umfassend über die Geschichte dieses Binzer Ortsteils informiert.

Mittlerweile sind die meisten Blöcke saniert und beherbergen nun exklusive Eigentums- und Ferienwohnungen, was leider den Nachteil mit sich bringt, dass man nicht mehr überall an den herrlich breiten Strand gelangt. Großzügige Parkflächen sind hier übrigens für uns vorhanden, denn die Straße direkt vor den Blöcken ist für den motorisierten Verkehr eigentlich nicht mehr freigegeben.

Heimliche Hauptstadt

Wir rollen weiter in das mondäne Binz, das größte Seebad der Insel. In der heimlichen Touristenhauptstadt Rügens lautet das Motto unverändert: „Sehen und gesehen werden!" Dem kann man besonders auf der langen Promenade nachgehen.

Der Bäderarchitekturstil ist in Binz in Perfektion ausgeprägt. Auf der Margaretenstraße hat sich mittlerweile eine regelrechte Kunstmeile mit vielfältigem Angebot entwickelt, wo man Künstlern auch gern bei ihrer Arbeit über die Schulter schauen kann. Erstes Haus am Platz ist das Kurhaus, ein historischer Bäder-Prachtbau. Die Binzer

Seebrücke am Kurpavillon ist mit 370 Metern die zweitlängste Rügens. Ein ausgesprochener Tipp ist der Schmachter See im Hinterland von Binz. Dort lässt es sich im Sommer bei grandiosen Sonnenuntergängen mit einem kalten Getränk super entspannen.

Auf den Aussichtsturm

Von hier aus fahren wir einen kleinen Schlenker um das Waldgebiet Granitz mit dem gleichnamigen Jagdschloss herum, nach Südost. Hier passiert man gleichzeitig das Naturerbe Zentrum Rügen mit dem Baumwipfelpfad und seinem spektakulären Aussichtsturm, dem „Adlerhorst". Ihn kann man erklimmen, er überragt die DBU-Naturfläche Prora in der Granitz, welche unter Schutz gestellt ist und aus diesem Grund über eine einzigartig vielfältige Flora und Fauna verfügt. Diese wird in Erlebnisausstellungen und mit einer Vielzahl von Führungen und Naturwanderungen dokumentiert.

Auf der anderen Seite der Granitz erreichen wir danach das Ostseebad

EXTRA-TIPP

Das zartrosafarbene **JAGDSCHLOSS GRANITZ** mit seinem Mittelturm war einst die Jagdresidenz der Putbuser Fürstenfamilie, die im umliegenden Waldgebiet ihr Jagdrevier hatte. Um den eigenen Machtstatus zu demonstrieren, ließ Fürst Wilhelm Malte I. das Schloss am höchsten Punkt der Granitz errichten. Der wuchtige mittlere Turm wurde nach Plänen des Berliner Baumeisters Karl Friedrich Schinkel erbaut. Ganz nebenbei sollte der Neubau schon bald neugierige Besucher anlocken. Auch heute ist das Interesse an dem Gebäude noch ungebrochen. Wer schwindelfrei ist, kann die durchbrochene eiserne Treppe bis zum Aussichtsturm erklimmen und einen atemberaubenden Blick über die Weiten Rügens genießen. Eine hochkarätige Ausstellung beleuchtet außerdem die Geschichte des Schlosses und die der Erbauerfamilie.

www.mv-schloesser.de/de/location/schloss-granitz
GPS 54.37735, 13.61331

Das neogotische Jagdschloss Granitz bei Binz.

Die Seebrücke des Ostseebades Sellin (oben) und typische Bäderarchitektur (unten).

Sellin mit der längsten Seebrücke der Insel. Diese misst 394 Meter und ist mittlerweile zu einem der Wahrzeichen Rügens geworden ist. Da der Ort auf dem Hochufer der Steilküste liegt, gelangen Interessierte entweder mit dem Fahrstuhl oder alternativ über eine groß angelegte Treppe unterhalb der Hauptader Wilhelmstraße auf sie hinunter.

Schicke Marina

Sellin hat in den letzten Jahren nicht nur übernachtungszahlenmäßig ziemlich aufgeholt. Viele Gäste fühlen sich hier wohler, da es noch etwas ruhiger als in Binz zugeht. Auch hier trifft viel schöne, historisch-restaurierte Bäderarchitektur auf schicke moderne Bauten, und es entstehen ständig neue Angebote rund um das Badeleben. Sehenswert sind das Bernsteinmuseum und das Museum Seefahrerhaus.

Der Strand von Baabe befindet sich im Südosten von Rügen.

Am Selliner See ist außerdem gerade eine schicke Marina entstanden.

Im benachbarten Ostseebad Baabe trifft man eher auf Familien. Dort empfiehlt sich ein Stopp in dem für den besten Rügener Kuchen bekannten Café Klatsch. Auch wir halten bei den beiden netten Betreiberinnen und genießen einen der zehn bis zwölf täglich selbst gebackenen Kuchen und Torten, die wirklich „wie bei Mama" schmecken.

Strände für jederman

Weiter geht es durch die Baaber Heide nach Göhren, dem Ostseebad mit den zwei Stränden. Am Nordstrand kann man sich ins zünftige Badeleben stürzen, der ruhigere, naturbelassene Südstrand hingegen zieht auch noch immer viele Einheimische an.

Hier befindet man sich nun bereits auf der Halbinsel Mönchgut, welche vielen als schönste Landschaft der Insel Rügen gilt, denn sie ist äußerst abwechslungsreich und vielfältig. Auf dem Gemeindegebiet situiert ist auch der östlichste Punkt Rügens: das Kap Nordperd. Von dort aus ist der Blick frei bis auf die Insel Usedom und die kleine Insel Greifswalder Oie. Und noch eine Besonderheit hat Göhren zu bieten: Mit dem „Buskam", der sich zwischen Seebrücke und Nordperd etwa 300 Meter vom Strand entfernt im Meer befindet, besitzt es den größten bisher in Deutschland bekannten Findling.

Wir bewegen uns weiter voran auf dem Mönchgut, welches übrigens so heißt, weil der Landstrich im Mittelalter einst den Zisterzienser-Mönchen des Klosters Eldena auf dem Festland bei Greifswald gehörte. Auf dem Weg nach Lobbe mit dem überaus beliebten und großen Campingplatz kommt man an dem markanten technischen Denkmal Windschöpfwerk Lobbe vorbei, danach geht es weiter in Richtung Süden bis ins Ostseebad Thiessow. Südöstlich davon, auf dem 36 Meter hohen Lotsenberg, steht der 13 Meter hohe Lotsenturm. Von

Das Heimatmuseum in Göhren.

ihm blickt man beispielsweise bis zum Nordperd.

Noch ein kleines Stück weiter um den Zicker See, dann fahren wir nach Klein Zicker. Dort angekommen, befindet sich rechter Hand das Gewässer des Rügischen Boddens, während linker Hand der Greifswalder Bodden liegt. Hier wirkt alles etwas verschlafen im Gegensatz zu den Ostseebädern, die vorher auf unserer Strecke lagen, dafür jedoch ist alles sehr naturnah. Gerade diese beiden Dinge machen für uns den Reiz der südöstlichsten Halbinsel Rügens aus.

Hier in Rügens Südosten befindet man sich übrigens überall im Biosphärenreservat Südost-Rügen. 1991 von der UNESCO in das weltweite Netz aufgenommen, vereint es auf kleinstem Raum alle Landschafts- und Küstenformen des mecklenburg-vorpommerschen Tieflandes: Halbinseln und Küstenvorsprünge, durch schmale Landzungen verbunden oder flache Bodden und Wieken voneinander getrennt, Strände im Wechsel mit Steilküsten, Boddenufer mit breiten Schilfgürteln, ausgedehnte Buchenwälder wie auch feuchte Magerrasen-Wiesen. In diesen besonderen Naturschutzgebieten wird das Leben und Wirtschaften des Menschen im Einklang mit der Natur erprobt. Wir sollten in jedem Fall dazu beitragen und uns an die Regeln in diesem Areal halten.

Rügens einziges Theater

Auf gleichem Weg geht es ab jetzt wieder über Thiessow und Binz zurück. Kurz hinter Lancken-Granitz verlassen wir die B 196 und fahren Richtung Putbus. Die „weiße Stadt am Meer" ist die Kulturhauptstadt der Insel Rügen. Hier stehen das einzige Theater der Insel, ein aufwendig restauriertes architektonisches Kleinod, sowie herrliche Rosenstöcke vor fast jedem Haus. Verschiedenste Museen und Kunstgalerien sowie ein Schlosspark berei-

Blick vom Lotsenturm auf den Strand des Ostseebades Thiessow.

Das prächtige Badehaus Goor in Lauterbach.

chern die historische Kulisse, in welcher der Denkmalschutz ganz oben auf der Agenda steht. Besonders markant ist das großzügig angelegte Rondell des Circus mit dem mittigen Obelisken, den sternförmig angelegten Wegungen sowie den stattlichen Häusern. Eine ähnliche Anlage dieser Art im europäischen Raum gibt es nur noch im englischen Bath.

Klassisches Ensemble

Urheber dieser im klassischen Stil geplanten Residenzstadt ist Fürst Wilhelm Malte I. zu Putbus, der sie 1810 gründete. Das Ensemble mit Marktplatz und Theater, der Alleestraße und dem kreisförmigen Circus ergänzte das Schloss mit Orangerie, Marstall, Kursaal bzw. später Kirche sowie den weitläufig angelegten englischen Landschaftspark perfekt. Es zählt heute zu den bedeutendsten Beispielen dieser Architekturepoche.

Zugleich etablierte der Herr zu Putbus mit seinem klassischen Badehaus am Waldgebiet Goor und dem Rügischen Bodden in Lauterbach 1816 den Bädertourismus. Auch dorthin machen wir noch einen kurzen Schlenker. Die bei vielen Touristen äußerst beliebte Schmalspurbahn „Rasender Roland“ – die Rügensche BäderBahn – fährt von hier über Putbus, Binz, Sellin und Baabe bis nach Göhren und retour. Eine Fahrt mit dem nostalgischen Dampfzug verspricht ein ganz besonderes Erlebnis.

Das Putbuser Schloss steht heute übrigens leider nicht mehr, nach zunehmendem Verfall und bereits begonnener Restaurierung fiel es Mitte der 1960er Jahre unglucklicherweise doch noch der Baupolitik des DDR-Regimes zum Opfer.

Der Circus, ein Rondellplatz von Putbus.

Mit der Autofähre Glewitz-Stahlbrode geht es zurück aufs Festland.

Wir rollen weiter in südlicher Richtung. Von Putbus bis Garz befährt man einen Teil der Deutschen Alleenstraße, es geht durch traumhafte Baumalleen. Steht die Sonne im Westen schon relativ tief, wird die Fahrt durch die Alleentunnel zum ganz besonderen Erlebnis: Ein faszinierendes Lichtspiel aus Sonne und Schatten durch das abdunkelnde Blätterdach hindurch begleitet die Fahrer.

Mit diesen herrlichen Eindrücken erreicht man dann Garz, seit 1316 die älteste und darüber hinaus auch noch die kleinste Stadt Rügens. Der slawische Burgwall sowie das Ernst-Moritz-Arndt Museum sind hier einen Ausflug wert. Das dem Wirken des umstrittenen Schriftstellers gewidmete Haus ist zeitgleich auch das älteste Museum der Insel.

In Garz biegen wir links ab und die Strecke führt uns noch mehr südlich, von der Deutschen Alleenstraße weg: auf die Halbinsel Zudar. Hier bringt uns die Autofähre Glewitz-Stahlbrode wieder zurück aufs Festland.

Den Strelasund hinter uns lassend, geht es zum Abschluss unserer Süd-Ost-Rügen-Tour über Reinkenhagen, Abtshagen, Elmenhorst und Teschenhagen wieder zurück in die Hansestadt Stralsund. ◂

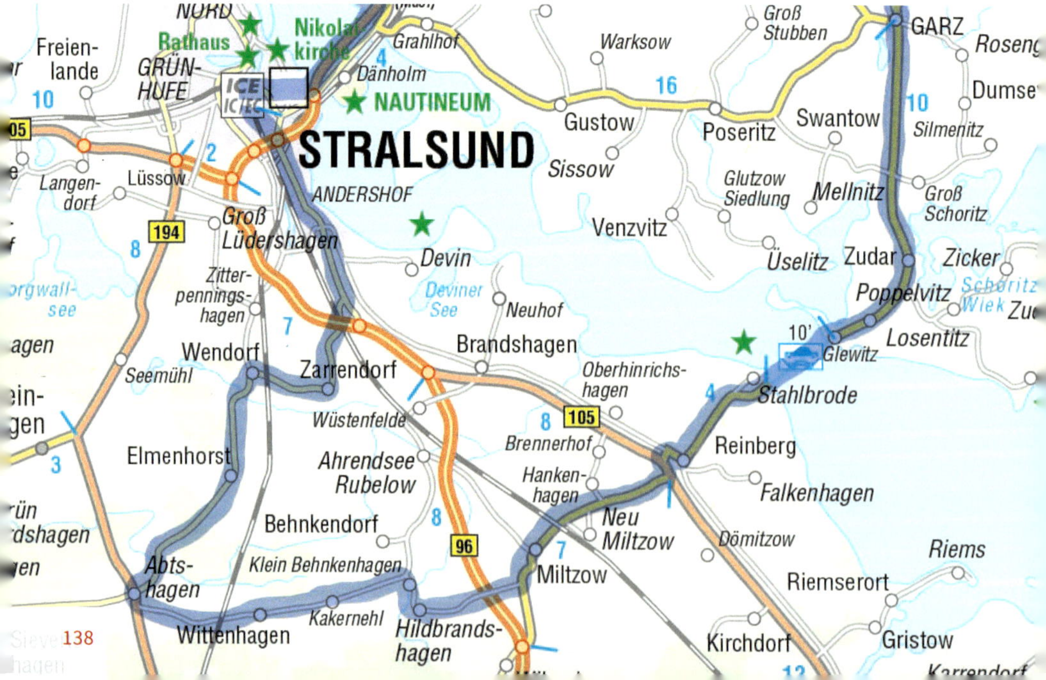

INFOS ZUR TOUR

CHARAKTERISTIK

Diese Strecke ist bestimmt durch die prächtige Natur zwischen Land und See und den dazwischen anzufahrenden Highlights. Abgesehen von der Rücktour über die Deutsche Alleenstraße und der reizvollen Überfahrt mit der Fähre, ist die Streckenführung als solche ehrlicherweise aber alles andere als spektakulär. Dafür entschädigen die Sehenswürdigkeiten und die Natur jedoch allemal.

STRÄNDE

Prora: Der nördlich vom Binzer Zentrum gelegene feinsandige Strand ist als Naturstrand ausgewiesen und besticht insbesondere durch seine großzügige Länge.

Sellin-Baabe-Göhren: Der Strand zwischen Sellin und Göhren mit seinen fast acht Kilometern Länge und dem kleinen Seebad Baabe in der Mitte zählt zu den beliebtesten und zugleich bekanntesten Badestrände an der deutschen Ostseeküste.

Lobbe-Thiessow: Der lange und ebenfalls sehr feinsandige Strand auf dem sogenannten Mönchgut hat insbesondere auch einen Namen bei sportbegeisterten Surfern und Kitern.

ÜBERNACHTUNG

Altstadt Hotel zur Post Stralsund

Tribseer Straße 22, 18439 Stralsund

Ein ausgewiesenes Bikerhotel in der Altstadt Stralsunds, auch als BASECAMP OSTSEE TOURER bekannt, mit extra großer und bestens ausgestatteter MOTOBIKE-AREA in der Tiefgarage. Der Inhaber veranstaltet regelmäßig selbst Motorradreisen und -touren.

www.hotel-zur-post-stralsund.de

GPS 54.31091, 13.08696

KOMBINATIONSMÖGLICHKEITEN

Wem diese Tour noch „zu wenig Rügen" ist, weil die beiden großen bekannten Sehenswürdigkeiten der Insel fehlen, der kann sie gegen die vorgeschlagene Richtung befahren und ab Sassnitz ganz einfach mit Tour 7 verbinden. So kommt man auch zum Kreidefelsen Königsstuhl und zu dem Kap Arkona.

Von Stralsund **bis Bansin**

Um Deutschlands „Sonneninsel“ zu erfahren, sollte man sich mindestens zwei Touren gönnen. Zu viel gibt es hier zu sehen, ob in Peenemünde, den drei Kaiserbädern Bansin, Heringsdorf und Ahlbeck oder am Achterwasser. Fahrerisch besonders schön ist der abwechslungsreiche Blick auf die Ostsee und das Achterwasser.

Mit der Tauchgondel an der Seebrücke Zinnowitz können Besucher eine Fahrt auf den Meeresgrund erleben.

TOUREN-STECKBRIEF

BASISORT
Stralsund (GPS 54.31201, 13.07629)

STRECKENLÄNGE
ca. 289 Kilometer

DAUER DER TOUR
ca. 5 Stunden

ROADBOOK
Stralsund, Steinhagen, Grimmen, Greifswald, Lubmin, Kröslin, Wolgast, Trassenheide, Karlshagen, Peenemünde, Karlshagen, Trassenheide, Netzelkow, Lütow, Zinnowitz, Zempin, Bansin, Benz, Neppermin, Mellenthin, Usedom, Pinnow, Daugzin, Lüssow, Kölzin, Dargelin, Greifswald, Stralsund

HIGHLIGHTS
Neben der ehemaligen nationalsozialistischen Heeresversuchsanstalt, dem heutigen Historisch-Technischen Museum Peenemünde (GPS 54.13778, 13.76930), schließt die Route über Usedom ebenfalls die Schmetterlingsfarm in Trassenheide (GPS 54.08075, 13.86812), die Seebrücke in Bansin (GPS 53.97544, 14.14159) und das Wasserschloss Mellenthin (GPS 53.92362, 14.01601) ein.

Lietzow
Fährhafen Sassnitz
Kleiner Jasmunder Bodden
Schmale Heide
Prorer Wiek
Ralswiek
Prora
Stedar
Prisvitz
Buschvitz
BERGEN auf Rügen
Kiekut
Camping Meier
Streu
Lubkow
Ostseebad Binz
BERGEN SÜD
Karow
Schmachter See
Zirkow
Wasserwelt 'Nemo'
Sellin
Neklade
Dalwitz
Pantow
Tilzow
Jagdschloss Granitz
Tempelberg 107
Dolgemost
Rasender Roland
Baabe
Regenbogen-Camp Göhren/Rügen
Hünengräber
Lancken-Granitz
Neuensien
Selliner See
PUTBUS
Lonvitz
Vilmnitz
Seedorf
Nordperd
GÜSTELITZ
Biosphärenreservat
Lauterbach
Gobbin
Middelhagen
Göhren
Schlosspark
Neuendorf
Wreechen
Neu Reddevitz
Having
Alt Reddevitz
Mönchguter Museen
Neukamp
Vilm
Südost-Rügen
Lobbe
Gager
Mönchgut
Groß Zicker
Klein Zicker
Thiessow
Rügischer Bodden
Thiessower Haken
Südperd
Pritzwald
Grabow
Greifswalder Bodden
Ruden
Koos
Insel Koos
Flugplatz Peenemünde
Spandowerhagen
Peenemünde
Historisch-Technisches Informationszentrum
Industriegebiet Lubmin
Lubmin
Freest
Peenemünde
Wampen
Vierow
Kröslin
Karlshagen
Dünencamp Karlshagen
Neuenkirchen
Loissin
Wusterhusen
Hollendorf
Brünzow
29
Rubenow
Karrin
Trassenheide
Bernsteintherme
GREIFSWALD
Ludwigsburg
Pritzwald
Stilow
Weidehof
Mölschow
Zinnowitz
LADEBOW WIECK
Klosterruine Eldena
Groß Ernsthof
Bannemin
Pommersches Landesmus. ELDENA
Kemnitz
Ziesebruch
Zecherin
Koserow
Rappenhagen
Lodmannshagen
Tannenkamp
Mahlzow
Zempin
Streckelsberg
SCHÖNWALDE
Kühlenhagen
WOLGAST
St. Petri
Wolgaster Fähre
Krummin
Achterwasser
Kölpinsee
Kemnitzerhagen
Neu Boltenhagen
Katzow
Neeberg
Wilhelmshöhe
Guest
Diedrichshagen
Jägerhof
Pritzier
Sauzin
Neuendorf
Stubbenfelde
Weitenhagen
Hanshagen
Hohendorf
Krumminer Wiek
Gnitz
Görmitz
Loddin
Grubenhagen
Wrangelsburg
Ziemitz
Lütow
Ückeritz
Pommersche Bucht
Schlagtow
Lühmannsdorf
Buddenhagen
Hohensee
Peenestrom
Naturpark
Behrenhoff
Groß Kiesow
Krebsow
Kessin
Moeckow
Seckeritz
Wehrland
Warthe
Lieper Winkel
Liepe
Seebad Bansin
Seebad Heringsdorf
Mössow
Stresow
Züssow
Steinfurth
Zemitz
Klein Jasedow
Waschow
Insel
Pudagla
Dansin Dorf
Kammin
Dambeck
Karlsburg
Wahlendow
Pulow
Lassan
Dewichow
Rankwitz
Neppermin
Schmollensee
Sallenthin
Gothen
Dargezin
Thurow
Pamitz
Bömitz
Buggow
Balm
Schloss Mellenthin
Benz
Gothensee
Seebrücke
Bandelin
Kölzin
Ranzin
Papendorf
Reetzow
Korswandt
Vargatz
Upatel
Gribow
Klein Bünzow
Rubkow
Morgenitz
Mellenthin
Labömitz
Klitschendorf
Lentschow
Buggenhagen
Krienke
Usedom
Ulrichshorst
GÜTZKOW
Owstin
Krenzow
Jamitzow
Suckow
Katschow
Kachlin
Zirchow
Görke
Schmatzin
Schlatkow
Krakow
Daugzin
JARMEN
Konoagoe
Pinnow
Mellenthiner Heide
Dargen
Kutzow
Flughafen Heringsdorf
Lüssow
Wasserburg Quilow
Murchin
Klotzow
Groß Toitin
Kagenow
Pätschow
Quilow
Groß Polzin
Ziethen
USEDOM
Paske
Usedom
Priemen
Liepen
Menzlin
Jargelin
Relzow
Gneventhin
Anklamer Tor
Stolpe
Neetzow
Stolpe
PEENE-DAMM
VOSSBERG
WILHELMSHOF
Usedomer See
Peene
Neuhof
Marienkirche
ANKLAM
ZECHERIN
KARNIN
WELZIN
Dersewitz
Wussentin
Otto-Lilienthal-Museum
MÖNCHOW
OSTKLÜNE
Jagetzow
Steinmocker
Tramstow
Görke
SÜDSTADT
Gnevezin
Kamp
Karniner Brücke
Brenkenhof
Medow
Postlow
Butzow
Bargischow
Stettiner Haff
Krusenfelde
Blesewitz
GELLENDIN
Woserow
Pritzenow
Krien
Albinshof
Nerdin
Lüskow
Pelsin
Auerose
Rosenhagen
Bartow
Thurow
Wegezin
Dargibell
Bugewitz
Kagendorf
Neuenkirchen
Neu Kosenow
Grünberg
Ivén
Stretense
Busow
Leopoldshagen
Mönkebude
Neuendorf B
Müggenburg
Dennin
Panschow
Rossin
Charlottenhof
Heidberg
Grambin
Janow
Spantekow
Drewelow
Ducherow
Leopoldshagener Anklamer Stadtforst
SEEBAD UECKERMÜNDE
Landskron
Fasanenhof
Wusseken
Japenzin

Die Wiecker Brücke verbindet die Greifswalder Stadtteile Wieck und Eldena.

Wir starten die Tour in der Hansestadt Stralsund, genauer gesagt im Altstadt Hotel zur Post. Aus der Stadt heraus geht es über Steinhagen und Grimmen. Dann erreichen wir die Hansestadt Greifswald. An deren östlichem Ortsausgang befindet sich die Wiecker Brücke. Diese Holzklappbrücke nach holländischem Vorbild, deren Klappen immer noch per Hand gezogen werden, wurde 1887 erbaut und führt über den Fluss Ryck. Sie ist die Verbindung zwischen den Greifswalder Ortsteilen Wieck und Eldena.

Im Wiecker Fischerei- und Seglerhafen hat unter anderem das Segelschul-

schiff „Greif" seinen Liegeplatz. In unmittelbarer Nähe der Klappbrücke befinden sich die Bockwindmühle Eldena, deren Flügel schon von Weitem sichtbar sind, und die Klosterruine Eldena, ein Überrest des im Mittelalter bedeutendsten Zisterzienserklosters der Region.

Weiter geht es am Greifswalder Bodden entlang über Lubmin und Kröslin nach Wolgast. Auf dem ersten Teilstück sollte man auf keinen Fall verpassen, den sozusagen direkt an der Straße liegenden großen, natürlichen Fischereihafen Freest zu besuchen. Nicht nur die leckeren Fischbrötchen munden hier mit Blick auf die authentischen Fischerboote.

Freier Blick auf die See

Vielmehr kann die Aussicht begeistern: Von hier, direkt an der Peenemündung, schauen wir hinüber auf das ehemalige Kraftwerk auf dem Gelände des Historisch-Technischen Museums Peenemünde, kurz: HTM. Zugleich eröffnet sich von dieser Stelle ein wunderbarer Blick über die kleinen Inseln Ruden und Greifswalder Oie hinweg auf die freie Ostsee bis zur Insel Rügen.

In Wolgast angekommen, führt unsere Strecke über das „Blaue Wunder", die nördliche der beiden Peenebrücken, welche auf die Insel Usedom führen. Dabei handelt es sich nicht um die erste Brücke an dieser Stelle. Bereits 1933 begann man mit dem Bau der ersten Peenebrücke von Wolgast auf die Insel. Diese wurde

Überreste der Berliner Mauer bei Greifswald (oben) und Klosterruine Eldena (unten).

Fahrt durch das Naturschutzgebiet Peenemünder Haken.

zu Kriegsende gesprengt, konnte aber 1950 wieder eröffnet werden. Die „Brücke der Freundschaft“ hatte mehrere Jahrzehnte Bestand, bevor der so markante blaue Neubau sie ablöste. Unser erstes Ziel auf Usedom ist Peenemünde mit dem Historisch-Technischen Museum, der ehemaligen Versuchsanstalt des Nationalsozialismus, die ab 1936 die Entwicklungs- und Versuchsstelle des Heeres war. Unter Leitung von Wernher von Braun wurde dort die weltweit erste

Einen Besuch wert ist das Historisch-Technische Museum Peenemünde.

Das U-Boot gehört zur Museumslandschaft Peenemünde.

funktionsfähige Großrakete entwickelt und getestet – bis zu ihrem ersten erfolgreichen Flug am 3. Oktober 1942, als sie bis in den Weltraum vordrang.

Aus diesem Grund gilt Peenemünde als „Wiege der Raumfahrt“. Die Rakete sollte 1944 als spätere Vergeltungswaffe (V2) zur Anwendung kommen. Davor wurde Peenemünde 1943 von der britischen Luftwaffe bombardiert. Die V2 war der erste Marschflugkörper der Welt. Umfassendes historisches Material über diese Entwicklungen und originale Exponate sind im Innern des HTM sowie auf einem weitläufigen Außenareal zu besichtigen.

U-Boot für Besucher

Nach einer Umrundung des Peenemünder Hakens durch den Wald mit Blick auf den Militärflugplatz und den Kölpinsee fahren wir zum Ha-

In Karlshagen befindet sich einer der größten Häfen der Insel Usedom.

Der Usedom Beach Cup in Karlshagen.

fen, in dem ein zu besichtigendes U-Boot der sowjetischen Flotte liegt. Es wurde 1965 in Dienst gestellt und galt damals als weltweit größtes seiner Klasse. Es hat eine Länge von 86 Metern. 1991 wurde es ausgemustert und ist seit 1998 ein technisches Denkmal im Peenemünder Hafen.

Anschließend bewegen wir uns parallel zu einem der schönsten Sandstrände der Insel, von Peenemünde bis Karlshagen, an dem alljährlich der mittlerweile sogar zum größten Beachvolleyball-Turnier der Welt avancierte Usedom Beach Cup stattfindet. Am Strand wird dann schon einmal die Nacht zum Tag gemacht, wenn dieses Event mit Party und Höhenfeuerwerk gebührend gefeiert wird.

Welt der Schmetterlinge

Weiter geht es durch ein Waldgebiet bis zur Schmetterlingsfarm in Trassenheide. Mit 2 500 Schmetterlingen in 60 faszinierenden Arten ist diese Farm auf einer Fläche von 5 000 Quadratmetern die größter ihrer Art in Europa.

Danach biegen wir auf die Alleenstraße ab, um zur B 111 in Richtung Ahlbeck zu gelangen. Am Ortseingang von Zinnowitz geht es nach rechts zur Halbinsel Gnitz. Mit ihren kleinen Dörfern, Kirchen, einem Großsteingrab nahe Lütow, zahlreichen alten Eichen und einem Naturschutzgebiet mit Steilküste ist sie bis heute vom Tourismus weitgehend verschont geblieben.

Hier unternehmen wir noch schnell einen unkonventionellen Abstecher über eine holprige, in der DDR-Zeit so genannte „LPG-Straße". Küsten-

Sehr sehenswert ist die Schmetterlingsfarm Trassenheide (rechts).

TIPP DES AUTORS

Ab Neppermin oder Mellenthin bietet sich ein Abstecher auf die Halbinsel **LIEPER WINKEL** zwischen Peenestrom und Achterwasser an. Dieser Teil der Insel Usedom ist noch nicht so sehr vom Tourismus geprägt wie die großen Badeorte. Eine beliebte Sehenswürdigkeit ist, neben den kleinen bunten, idyllisch anmutenden Reetdachhäuschen, die Suckower Eiche. Dabei handelt es sich um ein über 700 Jahre altes Naturdenkmal. Leider darf man sich dem Baum nur noch bis auf zehn Meter nähern, da er porös und stark umsturzgefährdet ist.

usedom.de/lieper-winkel | **GPS** 53.98254, 13.94433

Wer hätte das gedacht? Bis heute gibt es aktive Ölfelder auf Usedom.

nah am Achterwasser führt sie uns zwischen Neuendorf und Netzelkow zu den Usedomer Erdölfeldern, auf denen schon seit 1966 Öl gefördert wird: früher 220 000 Tonnen im Jahr, aktuell noch 3 000 Tonnen – im gleichen Zeitraum. Von den Pumpen, auch „Pferdeköpfe“ genannt, sind derzeit noch fünf im Einsatz. Diese Art von Besichtigung ist wohl nirgendwo so gut möglich wie hier.

Picknick am Hafen

Wir folgen der Plattenstraße mit Blick auf das Achterwasser noch weiter und legen im Hafen Netzelkow eine Pause ein. Der verträumte kleine Hafen ist heute mit einem Gaststättenschiff und Seegelbooten belegt, während früher das Erdöl von hier aus per Schiff in größeren Dimensionen nach Schwedt an der Oder transportiert worden ist.

Ein kleiner Exkurs am Rande sei hier erlaubt: Zwischen der Halbinsel Gnitz und dem Lieper Winkel befindet sich das so genannte Achterwasser, ein Flachwasserareal des Peenestroms. Seine geringe Wassertiefe macht es zu einem äußerst beliebten Ziel für Surfer und Segler aus aller Welt. Zwischen Zempin und Koserow ist das Achterwasser sogar nur noch durch eine schmale, etwa 300 Meter breite Nehrung (Landbrücke) von der Ostsee getrennt.

Idylle am Strand von Zempin.

Zurück auf der Bäderstraße – vorbei an Zinnowitz und Zempin – ist Bansin für uns das nächste Ziel. Auf dem Weg dorthin passieren wir nicht nur die engste Stelle der Insel Usedom, sondern ebendort auch das Atelier von Otto Niemeyer-Holstein in seinem ehemaligen Wohnhaus mit Garten.

Restaurierte Mühle

Seit 1939 befand sich sein dauerhafter Wohnort hier im „Lüttenort", wie er sein Anwesen nannte. Ihm ist es zu verdanken, dass die Holländerwindmühle Benz nicht dem Verfall überlassen wurde, denn er kaufte sie 1975, ließ sie restaurieren und machte sie danach der Öffentlichkeit zugänglich. Dank einer Verfügung in seinem Testament ist auch sein Anwesen noch heute in unveränderter Form für Besucher zu besichtigen. Wir haben heute leider keine Zeit dafür.

Dafür erreichen wir bald darauf das Seeheilbad Bansin. Zusammen mit Heringsdorf und Ahlbeck zählt es zu den Kaiserbädern, wie sie heute immer noch genannt werden. Von hier bis nach Swinemünde verläuft auf zwölf Kilometern Europas längste Strandpromenade. Bekannte Villen im Stil der Bäderarchitektur reihen sich an ihr aneinander. Im Gegensatz zu den Seebrücken von Heringsdorf und Ahlbeck kommt die Bansiner eher schlicht daher, was vor allem daran liegt, dass sich auf ihr kein Gebäude befindet.

Für den Besuch des Wasserschlosses Mellenthin muss Brückenzoll bezahlt werden.

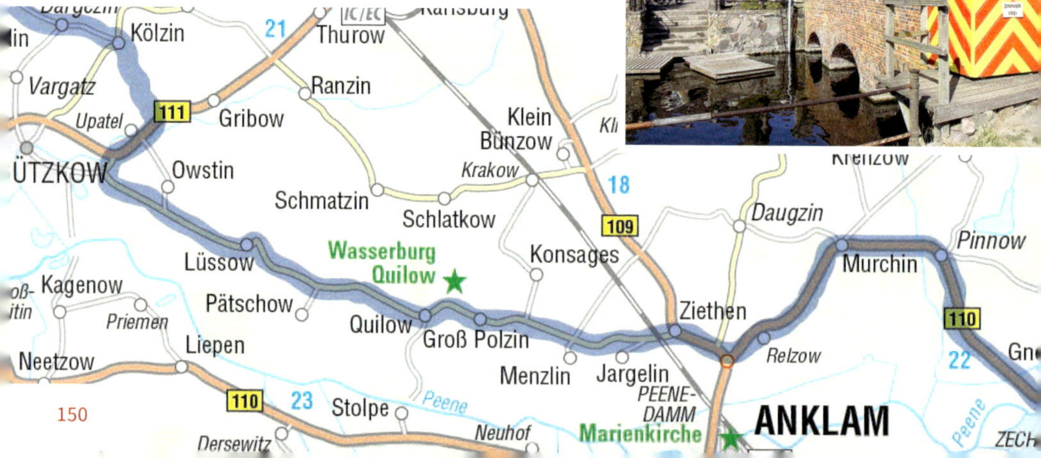

Trotzdem ist auch sie bei Touristen sehr beliebt.

Zwischen dem Großen Krebssee und dem Gothensee hindurch führt unsere Tour weiter über Benz und Neppermin bis nach Mellenthin zum gleichnamigen Wasserschloss. Dieses wurde im 16. Jahrhundert erbaut und vom jetzigen Eigentümer über einige Jahre hinweg liebevoll restauriert. Nun beherbergt es ein Hotel, eine Bäckerei, eine Kaffeerösterei sowie eine Brauerei. Die hauseigenen Kreationen sind sehr zu empfehlen und können sowohl vor Ort als auch nach Mitnahme zu Hause genossen werden. Hier machen wir eine Pause und nehmen den allseits beliebten, vom Chef kreierten Kuchen zu uns.

Sanierte Brücke

Den Rückweg nach Stralsund treten wir von Mellenthin aus auf der B 110 über die der Insel ihren Namen gebende Stadt Usedom an. So kommen wir nun zur südlichen Peenebrücke: der Zecheriner Brücke. Auch sie wurde 1945 zerstört, wiederaufgebaut und 1955 für den Verkehr wieder freigegeben. Zur Jahrtausendwende sanierte man sie umfassend.

Die Insel Usedom nun hinter uns lassend, fahren wir nördlich von Anklam über Pinnow, Daugzin, Lüssow, Kölzin und Dargelin zurück nach Greifswald. Hier haben wir heute Morgen nicht haltgemacht und wollen dies nun nachholen, denn in der Universitäts- und Hansestadt gibt es eine Menge zu entdecken: den Marktplatz mit dem freistehenden Rathaus, das Theater Vorpommern oder den alles überragenden und die Stadt-

Nach der Zecheriner Brücke fährt man auf einem Damm und durch das Niedermoorgebiet Peenestrom.

silhouette prägenden Turm des Greifswalder Doms. Von ihm genießt man auf 98 Metern einen herrlichen Rundumblick über die Stadt.

Im Pommerschen Landesmuseum sind einige Werke des Romantikers Caspar David Friedrich zu sehen, unter anderem auch sein berühmtes Gemälde „Ruine Eldena im Riesengebirge". Die schon zu Beginn unserer Tour erwähnte Klosterruine bei Greifswald war ein beliebtes Motiv des Malers und wurde durch seine Bilder weltberühmt. Sicher auch deshalb bewahrte man sie vor dem weiteren Verfall; sie ist bis heute sehr gut erhalten.

Museum im Wohnhaus

Seit 2004 hat zudem das Caspar-David-Friedrich-Zentrum im ehemaligen Wohnhaus der Familie in der Langen Straße 57 seine Türen geöffnet. Es ist ebenfalls der Ausgangspunkt für den Caspar-David-Friedrich-Bildweg, welcher zum Fischerdorf Wieck und der vom Künstler so geliebten Klosterruine Eldena führt. Doch dies alles am Ende einer so langen Motorradtour zu besichtigen, wäre zu viel des Guten. Und so beschließen wir, bald wiederzukommen.

Von Greifswald aus geht es auf dem schnellsten Weg über die B 105 bzw. B 96 zurück in unser Basishotel nach Stralsund.

INFOS ZUR TOUR

CHARAKTERISTIK

Durch das vor- und ostvorpommersche Hinterland geht es auf teils von Baumalleen gesäumten, schmalen Landsträßchen bis vor zum Greifswalder Bodden. Ab Freest, kurz vor der Insel Usedom, gewährt die Strecke oft Ausblicke auf die Ostsee. Die Straßen – oder besser gesagt die Straße – auf der Insel hingegen ist alles andere als herausfordernd, weil sie lediglich die einzige Hauptverbindung der Inselortschaften darstellt.

STRÄNDE

Karlshagen bis Koserow: Auf circa 20 Kilometern zieht sich dieser schier unendlich lange, feinkörnige Sandstrand. Nicht zu Unrecht gilt er als einer der schönsten Badestrände auf der Insel Usedom – und sogar der deutschen Ostseeküste.

Bansin: Am 70 Meter breiten und zehn Kilometer langen weißen, steinfreien Strand pulsiert das Leben vor der historischen Kulisse der imposanten Villen von Bansin. Die nach Osten fortführenden Strände der beiden anderen Kaiserbäder Heringsdorf und Ahlbeck vervollkommnen diesen Strand nicht minder schön.

ÜBERNACHTUNG

Altstadt Hotel zur Post Stralsund

Tribseer Straße 22, 18439 Stralsund

Ein ausgewiesenes Bikerhotel in der Altstadt Stralsunds, auch als BASECAMP OSTSEE TOURER bekannt, mit extra großer und bestens ausgestatteter MOTOBIKE-AREA in der Tiefgarage. Der Inhaber veranstaltet regelmäßig selbst Motorradreisen und -touren.

www.hotel-zur-post-stralsund.de

GPS 54.31091, 13.08696

KOMBINATIONSMÖGLICHKEITEN

Diese Tour überschneidet sich sowohl zwischen Bansin und Alt Sallenthin sowie auf der B 110 zwischen Mellenthin und Usedom mit Tour 10. Somit lassen sich ab Bansin noch die anderen beiden Kaiserbäder Heringsdorf und Ahlbeck sowie das polnische Swinemünde mitnehmen. Von dort aus folgt man entweder der Tour 10 und fährt weiter zu unseren Nachbarn nach Polen oder man überquert die Grenze bei Kamminke. Ab der Zecheriner Brücke kann man dann wieder auf der eigentlichen Route zurück nach Stralsund fahren.

Zwischen Deutschland **und Polen**

Auf der zweiten Usedom-Tour geht es um bekannte Badeorte. Zwei der drei Kaiserbäder: Heringsdorf und Ahlbeck, aber auch das in unmittelbarer Nachbarschaft liegende polnische Świnoujście / Swinemünde. Deren Vorzüge wussten bereits Kaiser Wilhelm II., der Adel, aber auch das wohlhabende Bürgertum zu schätzen. Neben der Ostsee und dem Achterwasser Usedoms berührt diese Tour ein weiteres großes Gewässer: das Stettiner Haff.

Schloss Stolpe auf Usedom.

Biosphärenreservat Südost-Rügen
Rügischer Bodden
Greifswalder Bodden
Mönchgut
Neukamp
Vilm
Gager
Groß Zicker
Klein Zicker
Thiessow
Südperd
Thiessower Haken
Göhren
Nordperd
Göhren/Rügen
Mönchguter Museen
Lobbe
Middelhagen
Alt Reddevitz
Neu Reddevitz
Seedorf
Gobbin
Neuendorf
Krakvitz
GARZ
Rosengarten
Dumsevitz
Silmenitz
Groß Schoritz
Zicker
Schoritzer Wiek
Zudar
Pritzwald
Grabow
Ruden
Riems
Koos
Insel Koos
Karrendorf
Leist 1
Wampen
Neuenkirchen
GREIFSWALD
Marienkirche
Dom St. Nikolai
LADEBOW WIECK
Klosterruine Eldena
Pommersches Landesmus.
ELDENA
SCHÖNWALDE
Loissin
Brünzow
Ludwigsburg
Kemnitz
Kemnitzerhagen
Diedrichshagen
Guest
Weitenhagen
Grubenhagen
Sestelin
Dargelin
Behrenhoff
Groß Kiesow
Müssow
Stresow
Kammin
Dargezin
Bandelin
Kölzin
Vargatz
Upatel
Gribow
Gützkow
Breechen
GÜTZKOW
JARMEN
Jarmen
Groß Toitin
Kagenow
Neetzow
Priemen
Liepen
Lüssow
Pätschow
Owstin
Schmatzin
Wasserburg Quilow
Quilow
Groß Polzin
Menzlin
Jargelin
PEENE-DAMM
Stolpe
Peene
Neuhof
Dersewitz
Steinmocker
Wussentin
Jagetzow
Demminer Land (i.Pl.)
Krusenfelde
Brenkenhof
Medow
Tramstow
Postlow
Görke
Butzow
Blesewitz
Nerdin
Lüskow
Krien
Albinshof
Pritzenow
Wegezin
Thurow
Neuenkirchen
Lubmin
Industriegebiet Lubmin
Vierow
Wusterhusen
Pritzwald
Stilow
Rappenhagen
Lodmannshagen
Ziesebruch
Neu Boltenhagen
Hanshagen
Wrangelsburg
Schlagtow
Krebsow
Kessin
Züssow
Karlsburg
Dambeck
Thurow
Ranzin
Klein Bünzow
Krakow
Schlatkow
Konsages
Ziethen
Relzow
Murchin
Daugzin
ANKLAM
Marienkirche
Otto-Lilienthal-Museum
SÜDSTADT
GELLENDIN
Gnevezin
Bargischow
Woserow
Auerose
Pelsin
Dargibell
Neu Kosenow
Spandowerhagen
Freest
Peenemünde
Flugplatz Peenemünde
Historisch-Technisches Informationszentrum
Kröslin
Karlshagen
Dünencamp Karlshagen
Hollendorf
Karrin
Weidehof
Rubenow
Groß Ernsthof
Tannenkamp
St. Petri
WOLGAST
Wolgaster Fähre
Kühlenhagen
Katzow
Jägerhof
Pritzier
Hohendorf
Lühmannsdorf
Moeckow
Buddenhagen
Hohensee
Steinfurth
Wahlendow
Pamitz
Bömitz
Klitschendorf
Rubkow
Krenzow
Buggow
Pulow
Zemitz
Seckeritz
Wehrland
Klein Jasedow
Waschow
Papendorf
LASSAN
Lentschow
Buggenhagen
Jamitzow
Pinnow
Klotzow
Gneventhin
VOSSBERG
WILHELMSHOF
ZECHERIN
KARNIN
MONCHOW
Karniner Brücke
Kamp
Rosenhagen
Bugewitz
Trassenheide
Mölschow
Zecherin
Mahlzow
Bannemin
Zinnowitz
Bernsteintherme
Krummin
Neeberg
Sauzin
Ziemitz
Krumminer Wiek
Gnitz
Neuendorf
Görmitz
Lütow
Achterwasser
Peenestrom
Naturpa
Warthe
Lieper
Winkel
USEDOM
Anklam
Usedomer See
Zemp
Krienke
Sucko
Rankw
Morg

TOUREN-STECKBRIEF

BASISORT
Greifswald (GPS 54.08997, 13.39167)

STRECKENLÄNGE
ca. 282 km

DAUER DER TOUR
ca. 5 Stunden

ROADBOOK
Greifswald, Jarmen, Anklam, Usedom, Katschow, Bansin, Swinemünde, Misdroy, Wiselka, Wollin, Dargobadz, Swinemünde, Kamminke, Garz, Dargen, Stolpe auf Usedom, Usedom, Anklam, Greifswald

HIGHLIGHTS
Direkt an der Peene liegt in einer wunderschönen Parkanlage das Gutshaus Stolpe (GPS 53.87258, 13.56177), in dem heute ein Hotel mit einer vorzüglichen Gastronomie untergebracht ist. Allerdings nur zu Fuß oder mit dem Fahrrad, ist man mit Hilfe des Fährmanns in nur wenigen Minuten auf der anderen Seite der Peene. Der monumentale Überrest der Hubbrücke Karnin (GPS 53.84464, 13.85842) trotzt heute als technisches Denkmal zwischen dem Stettiner Haff und dem Peenestrom. Auf polnischer Seite bestechen neben Swinemünde in besonderem Maße die Promenade und die Seebrücke im Seebad Misdroy (GPS 53.92895, 14.45054).

Von unserem Hotel direkt am Markt der wunderschönen Universitäts- und Hansestadt Greifswald aus, starten wir in südliche Richtung nach Jarmen. Am dortigen Alten Markt, nahe der Kirche, fahren wir vorbei. Von der Zecheriner Brücke her kommend, verlief über diesen dreieckig geformten Markt bis 1967 der gesamte Verkehr der damaligen F 96. Hinter Jarmen biegen wir in

Das Steintor ist Anklams einzig erhaltenes Stadttor.

Richtung Anklam ab und folgen der Peenetalroute durch Liepen und an Stolpe an der Peene vorbei nach Anklam, das neben Wolgast eines der „Tore zur Insel Usedom" ist.

Badewanne der Berliner

Dies gilt insbesondere für die aus Berlin anreisenden Besucher, die bis heute die Insel Usedom als ihre „Badewanne" reklamieren. Wer ein wenig Zeit und Muße investieren will, für den bietet sich ein Besuch des Museums über den Luftfahrtpionier Otto Lilienthal an, der in Anklam geboren wurde.

Bedeutende Baudenkmäler der Stadt sind die beiden Stadtkirchen und das Anklamer Steintor. Die Marienkirche, die ältere der beiden Stadtkirchen, ist vor allem für ihre eindrucksvollen Wandmalereien bekannt. Darüber hinaus befindet sich in ihrem Turm die sogenannte Apo-

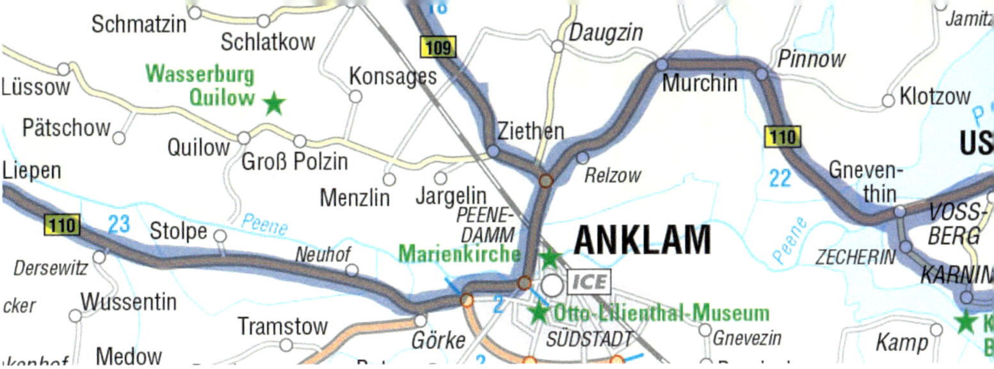

stelglocke. Sie war einst Teil eines fünfstimmigen Geläuts in der Nikolaikirche und ist die größte in Mecklenburg-Vorpommern noch erhaltene Glocke aus dem Mittelalter. Die Nikolaikirche wurde noch Ende April 1945 zerstört und wird seit 2010 wiederaufgebaut. Das Anklamer Steintor ist ein ehemaliges Stadttor aus dem 13. Jahrhundert und das einzige noch erhaltene. Es ist gleichzeitig das höchste Stadttor Pommerns und ein Wahrzeichen der Hansestadt. Seit 1989 beherbergt es das „Museum im Steintor".

Hinter Anklam biegen wir auf die B 110 in Richtung der Stadt Usedom ab. Die Stadt, die der Insel ihren Namen gab, ist von hier nur noch 24 Kilometer entfernt. Auf dem Weg dorthin durchfährt man die Peene-Auen und überquert dabei die Zecheriner Brücke, die südliche Peenebrücke.

Usedomer Schweiz

Weiter geht es durch kurvige Alleen bis zur Stadt Usedom und von dort aus durch ein hügeliges Waldgebiet weiter auf der B 110 bis zum Abzweig

Stadt Usedom mit St. Marien.

Die einst mondäne Spielbank von Heringsdorf.

Katschow. Dieses Dorf mit seiner Kopfsteinpflasterstraße durchqueren wir auf der L 39 und rollen durch die sogenannte „Usedomer Schweiz“ über Labömitz und Reetzow bis Alt Sallenthin, wo wir auf Höhe des Hotels „Bergmühle“ einen Abstecher nach links zum Aussichtsturm „Sieben-Seen-Blick“ machen.

Der Blick auf sechs Seen und die Ostsee ist für Usedom-Besucher eine Überraschung, da sich die meisten nur in den klassischen Badeorten aufhalten und das interessante Hinterland eher selten besuchen. Von dort ist es ein „Katzensprung“ bis Bansin, dem ersten Seebad der drei deutschen Kaiserbäder.

Ab hier fahren wir auf der Bäderstraße ostwärts und gelangen über Heringsdorf mit seiner Seebrücke und dem direkt davorliegenden ehemaligen Theater, Casino und aktuell Boutique sowie dem „XXL-Strandkorb“ nach Ahlbeck. Die berühmte Ahlbecker Seebrücke, übrigens die älteste Seebrücke Deutschlands, ist unser Ziel. 1882 erbaut, ist sie das Wahrzeichen Usedoms. Von hier aus hat man einen zauberhaften Blick auf die Pommersche Bucht mit ihren breiten Sandstränden: westlich bis Bansin und östlich bis Misdroy auf Wollin in Polen.

Ehemals deutsch

Von diesem östlichsten der drei Kaiserbäder geht es weiter zur deutsch-polnischen Grenze und darüber

Die berühmte Jugendstiluhr von Ahlbeck vor der ältesten Seebrücke Deutschlands.

Sandskulpturenfestival auf einem Parkplatz in Ahlbeck, direkt an der polnischen Grenze.

hinaus bis in die Stadt Swinnemünde (auf polnisch: Świnoujście). Bis heute geht von dieser Grenzstadt eine ganz besondere Faszination als Hafen- und Seglerstadt aus.

Übrigens, eine der meist gestellten touristischen Fragen der Usedomer Ferien- und Tagesgäste: Ist es denn einfach über die Grenze nach Swinemünde zu kommen? Ja, schon daher reizt und lohnt es sich zugleich den Ostseeaufenthalt mit einem Besuch in Polen zu verbinden. Nicht zuletzt deshalb haben auch wir uns dafür entschieden, bei unserer letzten Tour an der Ostsee unserem östlichen Nachbarn einen Besuch abzustatten.

Dieser startet in direkt an Ahlbeck grenzenden Swinemünde. Die Stadt

AUTOREN-TIPP

Ein Abstecher auf die Insel **KARSIBOR**, egal, ob auf der Hin- oder der Rückfahrt, ist in jedem Fall lohnenswert. Die etwa 14 Quadratkilomter große Insel liegt im Stettiner Haff und ist von Usedom durch die Swine und von Wollin durch die Alte Swine getrennt. Eine Brücke kurz vor bzw. nach dem Fähranleger auf der Wolliner Seite bringt Besucher rasch auf die andere Seite der Alten Swine. Am südlichen Ende der Insel genießt man den weiten Blick über das Stettiner Haff bis nach Neu Warp.

GPS 53.85219, 14.32732

hat wie jedes Ostseebad vieles zu bieten. Einige der Sehenswürdigkeiten, wie die preußischen Befestigungsanlagen, der Leuchtturm, das Fischereimuseum und der große Fähr-, Öl-, Wirtschafts- und Yachthafen, seien nur kurz aufgeführt. Bei genauer Betrachtung fällt auf, dass Swinemünde zur Insel Usedom gehört. Die polnische Grenze verläuft nämlich westlich der Stadt und damit vor der Swine.

Mithin ist Świnoujście / Swinemünde sogar das größte Seebad der Insel. Der Stadtteil jenseits der Swine liegt schon auf der Insel Wollin. Der touristisch interessantere Teil mit den schon angesprochenen Sehenswürdigkeiten und zahlreichen Einkaufsmöglichkeiten befindet sich aber auf Usedom. Die beiden Stadtteile sind durch Fähren verbunden, die aber nur von Einheimischen genutzt werden dürfen.

Viel los ist in der modernen Innenstadt von Swinemünde.

Ohne Landverbindung

Wir fahren südlich aus der Stadt heraus durch ein Waldgebiet zu einer weiteren Fähre. Leider existiert noch keine Landverbindung über die Swine, ein Tunnelbau soll 2020 begonnen werden. So setzen wir nun also auf die andere Seite, zur Insel Wollin, über.

Durch ein Waldgebiet erreichen wir Misdroy. Als einer der wahrlich

Die Seebrücke von Misdroy.

schönsten Badeorte an der Ostseeküste ist dieses Seebad weit über die polnische Grenze hinaus bekannt und mehr denn je auch bei den Touristen aus Deutschland beliebt. Sicherlich nicht zuletzt wegen der guten und vor allen Dingen günstigen Einkaufsmöglichkeiten, den zahlreichen gastronomischen Betrieben und auch wegen seiner ungezwungenen und unkonventionellen Art.

So scheint das Leben auf der Promenade mit vielen Bars und Shops in Strandnähe oft wie aus früheren Tagen zu sein, die scheinbar frei von den vielen uns bekannten Reglementierungen und eher unbeschwert daherkommen.

Stärkung mit Waffeln

Die Seebrücke mit ihren vielen Cafés und Restaurants lädt uns zum Verweilen ein. Nach einer Stärkung mit Waffeln und Eis genießen wir die Fahrt durch den Nationalpark Wollin bis Wiselka und dann Richtung Südwesten bis Wollin. Von dort führt uns der Weg zurück nach Swinemünde, wo wir, südlich der Stadt, wieder mit der Fähre übersetzen.

AUTOREN-TIPP

Für Naturliebhaber empfiehlt sich ein Tagesausflug auf der **PEENE**, dem Amazonas des Nordens. Diese ist mit ihren 143 Kilometern Länge seit 2011 ein Naturpark und wird als „Flusslandschaft Peenetal" bezeichnet. Mit über 150 Tierarten ist sie eines der größten Niedermoorgebiete Europas.

GPS 53.89571, 14.43762

Ganz im Süden der Insel, am Stettiner Haff, überqueren wir nun erneut die Grenze. Unmittelbar hinter ihr liegt der Golm, mit 69 Metern der höchste Punkt der Insel Usedom und heute eine Kriegsgräberstätte für die min-

Kamminkes Hafen, unweit der polnischen Grenze am Stettiner Haff.

destens 14 000 Opfer des alliierten Luftangriffs auf Swinemünde. Ein Großteil waren aus dem Osten kommende Kriegsflüchtlinge.

Wir fahren weiter nach Kamminke, einem Fischerdorf mit Hafen und der urigen Fischräucherei mit Gaststätte „Klönsnack“ . Dort gibt es für jeden den passenden Fisch, ob geräuchert oder frisch zubereitet.

Ostwärts hat man Aussicht auf die einmündende Oder und westwärts auf den weißen Strand mit Steilküste. Ein ruhiges Plätzchen alternativ zum Trubel der Seebäder.

Leckeren Fisch gibt es in der Räucherei Klönsnack in Kamminke.

Flugplatz und mehr

Weiter geht es über Garz zum Flughafen Heringsdorf, der über Zirchow zu erreichen ist. Früher ein Militärflugplatz, ist er heute Start- und Landepunkt für Urlaubsflieger und private Kleinflugzeuge. Das dazugehörige Restaurant Hangar 10 bietet gehobene Küche in einem eleganten Retrochic-Ambiente der Fliegerwelt und ist ein kleiner Geheimtipp abseits der Touristenstrecken.

Vom Airport nimmt man den ersten Abzweig links nach Neverow und fährt durch eine verträumte Allee, dann parallel zur Haffküste über Bossin bis Dargen. Obwohl ab Bossin nur ein Radweg bis Dargen führt, kann man durchaus auf dem Feldweg daneben mit dem Motorrad fahren.

Als Fan alter Autos und Zweiräder sollte man in Dargen unbedingt das DDR-Museum besichtigen, in dem

neben den Fahrzeugen zahlreiche Utensilien aus dem DDR-Alltag ausgestellt sind.

Von Dargen führt die Straße weiter entlang der Haffküste mit ihren kleinen Ortschaften und stetem Blick auf die einsame Küste bei Stolpe auf Usedom. Am Schloss Stolpe ist wieder eine Pause angesagt, die wir zur

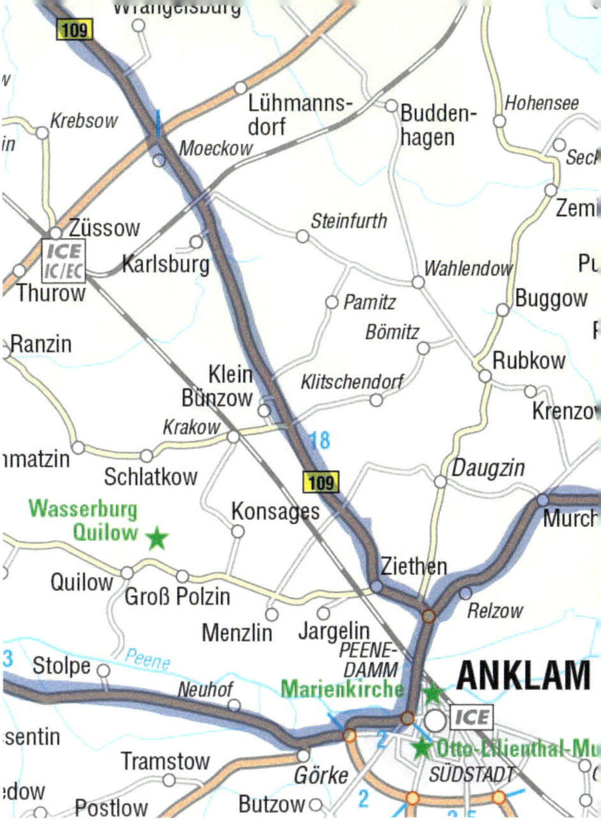

Besichtigung des Schlosses, einem Herrenhaus aus dem 13. Jahrhundert, dessen Restaurierung 2008 abgeschlossen worden ist, nutzen. Daneben

Flughafen Heringsdorf (oben). DDR-Museum in Dargen (unten).

Ein Teil der Eisenbahnbrücke zwischen Kamp und Karnin (oben). Schloss Stolpe auf Usedom (rechts).

befindet sich die Remise, die mit guter Küche und einem geschmackvollen Ambiente aufwartet.

Technisches Denkmal

Auch die letzte Tour neigt sich allmählich dem Ende zu. Wir fahren nun zurück in Richtung Stadt Usedom und biegen am Ortsausgang links auf die L 46 ab, um auf einer schmalen, landschaftlich sehr schönen Straße bis Karnin zu fahren. Dort werfen wir aus nächster Nähe einen Blick auf die gewaltige Hub-

brücke. Sie ist ein Teil der ehemaligen Eisenbahnbrücke zwischen Festland und Insel, die 1933 erbaut worden ist. Heute ist sie ein technisches Denkmal.

Ab hier geht es, wie schon am Morgen, über die Zecheriner Brücke nach Anklam und auf schnellstem Weg zurück zu unserem Hotel nach Greifswald. ◂

INFOS ZUR TOUR

CHARAKTERISTIK

Nach einer kurzen Fahrt durch das Landesinnere erreicht man schon bald über die Zecheriner Brücke die Insel Usedom. Bereits während der Überfahrt hat man das Gefühl, den Alltag hinter sich zu lassen. Ohne streckentechnische Herausforderungen geht es von hier einfach und direkt bis vor an die Ostsee. Neben den Landesschildern an der deutsch-polnischen Grenze sind es auf der polnischen Seite ganz neue und andere Eindrücke die den Landeswechsel bestätigen.

STRÄNDE

Swinemünde: Schön, wenn Grenzen keine Rolle mehr spielen! Der breite und feinsandige Swinemünder Strand, der im Osten nur kurz durch die Swine begrenzt wird, reicht auf seiner westlichen Seite über Ahlbeck bis hoch in den Norden der Insel Usedom. Das Wasser in Swinemünde hat einen recht flachen Zugang vom Strand aus, an dem es weit weniger Strandkörbe als auf der westlich-deutschen Seite zu sehen gibt. Im Gegensatz dazu ist das Strandleben hier mehr von der einfachen Decke bis zum Windschutz bestimmt.

ÜBERNACHTUNG

Hôtel Galerie
Mühlenstraße. 10, 17489 Greifswald
Kleines Hotel Garni mit 14 Zimmern direkt in der Greifswalder Innenstadt, nur wenige Meter vom historischen Marktplatz entfernt. Eigene Tiefgarage vorhanden, kostet aber einen Aufpreis.
www.hotelgalerie.de
GPS 54.09649, 13.38298

KOMBINATIONSMÖGLICHKEITEN

Wenn man nicht unbedingt wieder zurück an den Ausgangsort Anklam muss, bietet es sich an, diese Tour gegen die empfohlene Richtung zu befahren und dann ab Bansin auf Tour 9 zu wechseln. Diese bringt einen, ebenfalls gegen die vorgeschlagene Richtung zu befahren, weiter über die Insel und bis nach Wolgast, Greifswald oder Stralsund.

Norddeutsche **Hansestraße**

Die Hanse und die Hansestädte sind ein wichtiger Teil der Geschichte Norddeutschlands. Auf den Spuren der Hanse folgt diese Tour der Norddeutschen Hansestraße entlang der deutschen Ostseeküste von Lübeck bis Anklam durch Schleswig-Holstein und Mecklenburg-Vorpommern. Sie ist Teil der Via Hanseatica, die als transeuropäischer Verkehrskorridor und internationale Tourismusroute entlang der südlichen Ostsee Deutschland über Polen und die baltischen Staaten mit Russland verbindet. Nahezu 200 Städte gehörten im Mittelalter diesem Kaufmannsbund an, die sich auf heutige 16 Länder verteilen.

Bei Nacht verwandelt sich der Querkanal in Stralsund in ein schönes Lichtermeer.

Lübeck war und ist Hauptort der Hanse, hier erfolgte die Gründung der Kaufmannshanse und hier fanden auch die meisten Hansetage statt. Dies waren die Zusammenkünfte von Vertretern der Hansestädte, um alle wichtigen Angelegenheiten der Gemeinschaft zu behandeln.

Lübecks Altstadt steht ebenso wie die Altstädte von Wismar und Stralsund auf der Weltkulturerbeliste der UNESCO. Mehr dazu ist auch in den jeweiligen Kapiteln nachzulesen.

Zu den Top-Sehenswürdigkeiten von Lübeck zählen der Salzspeicher (oben) und das Holstentor (unten).

Französischer Wein

Der Handel mit dem Rotspon, einem französischen Rotwein, der im Fass transportiert wird und in Lübeck sowie später auch in anderen norddeutschen Hansestädten zur Flaschenreife gelangt ist, begann im 13. Jahrhundert, gewann jedoch erst gegen Ende der Hansezeit an Bedeutung. Ein Glas davon, am Vorabend der Reise auf den Spuren der Hanse getrunken, ist sicher kein schlechter Einstieg.

Dazu eignet sich ein Besuch der Schiffergesellschaft, denn sie ist die wohl „klassischste Kneipe der Welt". Die Gaststätte mit den historischen Gelagebänken ist in einem alten Gildehaus aus dem typischen Backstein des Nordens untergebracht. Sehr erlebenswert!

Lübeck war auch Ausgangspunkt für die Verbreitung eines Rechtssystems, das in über 100 Städten im Ostseeraum Geltung erlangte: das Lübische Recht. Zum Einstimmen in die Thematik eignet sich hervorragend ein Besuch im Europäischen Hansemuseum in Lübeck. Hier ist auch der Startpunkt dieser Tour.

Unsere Reise führt nach Osten aus Lübeck heraus durch die Palinger Heide und folgt der B 104 bis Selmsdorf. Von dort geht es weiter auf der B 105 entlang des Dassower Sees, der trotz seines Namens kein Binnensee ist, sondern eine Wiek, eine Brackwasser-Seitenbucht der Traveförde, unweit der Travemündung zur Ostsee am nordwestlichsten Zipfel des Klützer Winkels.

Der Dassower See ist eines der größten Vogelschutzgebiete Deutschlands und ein wichtiges Rast- und Überwinterungsgebiet für nordische Wasservögel. Die B 104 und die B 105 verlaufen hier im Bereich der Uferzone in einer Allee. Der Abstand der Bäume gibt das Spiel von Licht und Schatten vor, wenn die Sonnenstrahlen charmant durch die Baumkronen auf den Boden treffen.

Die Strecke ist weitestgehend von Leitplanken eingefasst. Vor allem, um zu verhindern, dass diese in Mecklenburg für ihre Springbäume berüchtigten Strecken durch das plötzliche Auf-die-Straße-springen der Bäume zu schnell fahrenden Kraftfahrern gefährlich werden könnten. Zu viele Unfälle mussten hier in der Vergangenheit beklagt werden.

Ehemaliges Grenzgebiet

Genau dieser Streckenabschnitt war auch ein Teil der innerdeutschen Grenze. Ein Wachturm direkt am Seeufer zeugt noch davon. In Dassow lohnt sich ein kurzer Stopp am Hafenspeicher, der direkt am alten Ha-

Der alte Hafen von Wismar.

Die Altstadt der Hansestadt Wismar.

fen an der Stepenitz liegt, und am Herrenhaus Schloss Lütgenhof, das heute ein Hotel beherbergt.

Wir cruisen weiter nach Grevesmühlen und passieren dort eine Holländer-Windmühle, die nach langer Rekonstruktion heute ein Wahrzeichen der Stadt ist. Dann ist es auch nicht mehr weit bis nach Wismar. Die Altstadt von Wismar, das schon früh Mitglied der Hanse geworden war, lohnt einen längeren Aufenthalt.

Das Wahrzeichen von Grevesmühlen.

Ein Herz für Besucher

Sehenswert ist hier sehr viel: Die Wasserkunst auf dem Marktplatz gegenüber dem Restaurant „Alter Schwede" und dem Rathaus, der Fürstenhof sowie der Turm der ehemaligen Marienkirche. Von diesem hat man einen guten Blick auf Wismar. Empfehlenswert ist auch das Besucherzentrum im Welt-Erbe-Haus, das nicht nur durch seine Ausstellungen einen lebendigen Eindruck der langen Geschichte der Hansestadt Wismar vermittelt, sondern auch selbst ein Zeugnis unterschiedlicher Epochen der Stadt ist. Sehr positiv darüber hinaus ist, dass der Eintritt dazu frei ist!

Der B 105 folgend, geht es über Kröpelin und Bad Doberan nach Rostock. Auch hier lohnt die Altstadt, direkt an der Untertrave gelegen, einen Aufenthalt. Ab 1283 Mitglied der Hanse, blühte die Stadt durch den Freihandel auf. Aus jener Zeit sind wertvolle Gebäude der Backsteingotik erhalten. Anfang des 20. Jahrhunderts wurde westlich der Kröpeliner-Tor-Vorstadt mit dem Bau des Hansaviertels begonnen. Heute ist es aufgrund der Nähe zur Innenstadt ein beliebtes Wohnviertel in Rostock.

Bernsteinstadt

Immer weiter an der Ostseeküste entlang, geht es nach Ribnitz-Damgarten, das seit 2009 die Bezeichnung „Bernsteinstadt" in der Ortsbezeichnung trägt. Weit geht der Blick über den Saaler Bodden auf Ribnitz. Der Ort war einst Grenzstadt von Mecklenburg und ein wichtiger Übergang über die Recknitz, der auch Mecklenburger Pass genannt wird.

Hier ist das Deutsche Bernsteinmuseum im ehemaligen Klarissenkloster besuchenswert. In ihm werden wertvolle und interessante Stücke des „Ostseegoldes" gezeigt, das auch ein wichtiges Handelsprodukt der Hanse war. Östlich der Recknitz liegt der Ortsteil

Ein Detail des Münsters von Bad Doberan.

Die Rathaussilhouette von Rostock mit Blick auf Nikolai-Kirche.

Damgarten, der bis 1950 eine selbständige Grenzstadt in Pommern, heute in Vorpommern, war.

Hier lohnt ein Besuch des Technik-Museums Pütnitz, in dem historische Fahrzeugtechnik aus dem ehemaligen Ostblock ausgestellt ist. Viele zivile und militärische Fahrzeuge sind hier zu bestaunen. Wer will, kann auch mit ausgewählten Fahrzeugen mitfahren oder sie sogar selbst steuern. Auch der nahegelegene Flugplatz ist einen Stopp wert. 1935 wurde hier im Rahmen der Aufrüstung der Wehrmacht der Fliegerhorst Pütnitz errichtet. Nach dem Zweiten Weltkrieg war er einer der bedeutendsten Standorte der sowjetischen Luftstreitkräfte in der DDR.

Am Knieperteich: die Altstadtinsel Stralsund hinter der Stadtmauer.

Dieser historische Platz mit vielen Hangars und baufälligen Gebäuden versprüht eine magische Atmosphäre. Diverse Veranstaltungen und Festivals finden hier statt und er ist gut geeignet für Entdeckertouren, Geocaching und Lost-Places-Fotografie.

Gut 40 Kilometer weiter erreichen wir über die B 105 Stralsund, welches nach Lübeck die bedeutendste Hansestadt im Ostseeraum war. Lohnenswert ist hier ein Rundgang durch die Altstadt sowie der Besuch des Meeresmuseums und natürlich des OZEANEUMS Stralsund.

Museumshafen Greifswald

Über die B 105 erreichen wir nach weiteren 40 Kilometern die nächste Hansestadt: Greifswald. Die Stadt war seit 1278 Mitglied der Hanse und trug einen der ersten Hansetage aus. Da ihr Hafen im Wettbewerb nicht mithalten konnte, verloren er und damit auch Greifswald jedoch schnell an Bedeutung. Neben der auch hier ausgeprägten Backsteingotik aus der Hansezeit ist ein Besuch des Museumshafens sehr empfehlenswert. Hier sind wundervolle alte Segler zu sehen, die liebevoll restauriert wurden und werden.

Auf dem Weg weiter nach Osten fahren wir weiter in Richtung Wolgast. Kurz hinter Greifswald bietet sich ein Abstecher nach Wieck zu der historischen Klappbrücke an. Ein Stück weiter erreichen wir erneut ein Highlight

aus der Hansezeit: die Klosterruine Eldena. Vom Maler Casper David Friedrich mehrfach gemalt, wurde sie zu einem Wahrzeichen der Romantik. Das ehemalige Zisterzienserkloster war im Mittelalter das bedeutendste Kloster der Region, bestand bis 1533 und verfiel danach als Folge der Reformation.

Vom Festland getrennt

Knapp 30 Kilometer weiter sind wir in Wolgast. Der weitaus größte Teil der Stadt liegt westlich vor der Insel Usedom, nur ein kleiner Teil liegt direkt auf der Insel. Der Peenestrom, ein Mündungsarm der Oder, und die Peene, die die Insel Usedom vom Festland trennt, waren die Zuwegungen für die Schiffe der Hanse. Innerhalb des Städtebundes besaß Wolgast allerdings nie die Bedeutung der anderen Ostseehäfen in jener Zeit.

Das lag auch daran, dass die Stadt nach der Teilung des Herzogtums Pommern in Pommern-Stettin und Pommern-Wolgast Wohnsitz der Herzöge der Wolgaster Linie wurde. Die Nähe zu ihren Landesherren führte dazu, dass Wolgast auch nie die Selbständigkeit anderer Hansestädte erreichen konnte. Das Schloss Wolgast, die Residenz der Herzöge, war einer der bedeutendsten Renaissancebauten in Norddeutschland, wurde jedoch bereits 1679 aufgegeben und existiert heute nicht mehr. Die Stadt selbst blieb im Zweiten Weltkrieg weitestgehend unbeschädigt.

Noch einmal 30 Kilometer weiter erreichen wir das Untere Peene-

Historische Giebelhäuser auf dem Markt in Greifswald.

Die Alte Universitätsbibliothek in Greifswald.

Das Blaue Wunder von Wolgast: die Peenebrücke.

tal, überqueren die Peene und gelangen nach Anklam. Die Hansestadt Anklam liegt vor der Insel Usedom und wird gern als eines der Tore zur „Sonneninsel“ bezeichnet.

Über die bewegte Vergangenheit Anklams erfährt man am Marktplatz durch die sogenannten Jahrhundertbänder. Diese in Deutschland bislang einmalige Marktplatzgestaltung führt durch die Stadtgeschichte, beginnend mit ihrer ersten Erwähnung bis hin zur Entwicklung als Hansestadt. Die Stadtmauer, die Kaufmannshäuser, die Backsteinkirche St. Marien und die Kirchenruine der Nikolaikirche zeugen noch heute vom Wohlstand zu Zeiten der Hanse. Auch das Museum im Steintor erzählt auf fünf Etagen von der bewegenden Geschichte der Hansestadt. Anklam als östlicher Punkt unserer Norddeutschen Hansestraße ist auch Teil der Europäischen Route der Backsteingotik, die unter einem anderen Aspekt die von uns besuchten Hansestädte miteinander verbindet. Darüber hinaus ist Anklam der Geburtsort des Luftfahrtpioniers Otto Lilienthal.

Noch immer nicht genug von Hansestädten? Auch das am Mittellauf der Peene gelegene Demmin war seit 1283 Hansestadt und wäre in diesem Zusammenhang sicher einen Besuch wert. ◂

Das Otto-Lilienthal-Museum in seiner Geburtsstadt Anklam.

INFOS ZUR TOUR

CHARAKTERISTIK

Diese Tour führt auf nahezu direktem Weg auf der Norddeutschen Hansestraße entlang der Ostseeküste von Lübeck bis Anklam. Durch die Stopps in den jeweiligen Hansestädten eignet sie sich besonders für Geschichtsinteressierte.

ÜBERNACHTUNG

Park Inn by Radisson Lübeck
Willy-Brandt-Allee 1-5, 23554 Lübeck
4****-Hotel im Zentrum Lübecks, unweit des Holstentors, nur wenige Minuten von der historischen Altstadt entfernt.
www.parkinn.com

Altstadt Hotel zur Post Stralsund
Tribseer Straße 22, 18439 Stralsund
T. 0 38 31 20 05 00
www.hotel-zur-post-stralsund.de
GPS 54.31091, 13.08696

ATTRAKTIONEN

Europäisches Hansemuseum in Lübeck
An der Untertrave 1, 23552 Lübeck
T. 0451 80 90 99-0, info@hansemuseum.eu
Das Europäische Hansemuseum ist das weltweit größte Museum zur Geschichte der Hanse. Das Museum stellt die Entwicklung der Hanse, der Kaufleute und der sich anschließenden Städtehanse chronologisch dar. Lübisches Recht und seine Geschichte sind ein weiterer Schwerpunkt der Ausstellung. Der Rundgang über 400 Jahre Hansegeschichte zeigt den Handel der niederdeutschen Kaufleute. Tägl. geöffnet (außer 24. 12).
www.hansemuseum.eu
GPS 53.874259, 10.689534

Technik-Museum Pütnitz
Flugplatzallee, 18311 Ribnitz-Damgarten
www.technikmuseum-puetnitz.de
GPS 54.270262,12.459354

Kröpeliner Tor Museum
Kröpeliner Str. 49A, 18055 Rostock
www.geschichtswerkstatt-rostock.de/seiten/kroepeliner_tor_2_0.php
GPS 54.088464, 12.129303

Museumshafen Greifswald e.V.
Hafenstraße 31, 17489 Greifswald
www.museumshafen-greifswald.de
GPS 54.09926, 13.38627

Wiecker historische Klappbrücke
Am Ryck, 17493 Greifswald
GPS 54.09367, 13.44841

Deutsches Bernsteinmuseum
Im Kloster 1-2, 18311 Ribnitz-Damgarten
T. 0 38 21 46 22
www.deutsches-bernsteinmuseum.de
GPS 54.241052, 12.431963

Klosterruine Eldena
Wolgaster Landstraße 41, 17493 Greifswald
GPS 54.09367, 13.44841

Museum Holstentor
Holstentorplatz, 23552 Lübeck
https://museum-holstentor.de
GPS 53.86645, 10.67976

Otto-Lilienthal-Museum
Ellbogenstraße 1, 17389 Anklam
http://lilienthal-museum.de/olma/muse.htm
GPS 53.853667, 13.704306

Welterbe-Ausstellung Stralsund
Zwei Städte– Ein Welterbe
Stralsund und Wismar
1, Ossenreyerstraße, 18439 Stralsund
www.stralsund.de
GPS 54.31614, 13.08976

KLIMA | WETTER | REISEZEIT

Das Klima an der deutschen Ostseeküste ist ein maritim gemäßigtes mit regionalen und jahreszeitlichen Unterschieden.

Für die meisten, auch für die, die mit dem Motorrad kommen, wird die beste Reisezeit zwischen Mai und September liegen. Juli und August sind die wärmsten Monate, aber als Hauptreisezeit auch die meist besuchten. Wenn es nicht unbedingt die bekanntesten Ostseebäder sein müssen, kann die Suche nach einem Urlaubsort zu dieser Zeit dennoch erfolgreich sein.

Wer dagegen eher die kühlen oder kalten Monate mag, wird sich auch oder gerade im Herbst und Winter bei Wind und Wetter im Seeklima wohlfühlen.

Statistische Werte und auch unsere gefühlte Erfahrung über die jeweilige Sonnenscheindauer zeigen, dass die östliche Küste mit mehr Sonnenstunden der verwöhntere Teil ist.

ANREISE

Je nach Startpunkt innerhalb Deutschlands oder Zielpunkt an der deutschen Ostseeküste bieten sich mehrere Autobahnverbindungen über Hannover und Hamburg im Westen oder Leipzig und Berlin im Osten an.

Wer wenig Zeit hat, oder in dieser lieber bereits vor Ort an der Küste Motorradfahren möchte, wird eine dieser schnellen Routen wählen oder aber, dem beliebten Trend folgend, die Motorräder per Transporter bzw. Anhänger oder Autoreisezug zum Zielort bringen lassen. Das ist auf jeden Fall die bequemste Möglichkeit.

Bei etwas mehr Zeit, führen viele landschaftlich schöne Strecken zum Beispiel durch die Lüneburger Heide im Westen oder im Osten durch Tschechien und Polen an die Küste.

UNTERKÜNFTE

An der deutschen Ostseeküste sind die verschiedensten Arten von Unterkunftsmöglichkeiten ausreichend vorhanden. Von Motorradfahrern werden eher die guten, wenn auch oft einfachen Gasthöfe bevorzugt, die entweder selbst oder in unmittelbarer Nähe mit einem hervorragenden Speisenangebot aufwarten können. Diesbezügliche Erkundigungen vor der Anreise sind in jedem Fall empfehlenswert.

Die Logierpreise an der Ostseeküste sind abhängig von der Kategorie und ganz besonders von der saisonalen Reisezeit. Die einschlägigen Hotelportale spiegeln dies exakt wieder.

BIKER-TREFFS

Jutta's Fischpavillon

Zentral im Hafen von Kappeln gelegen, direkt neben der Klappbrücke über die Schlei. Parkplätze für Motorräder gibt es auch, natürlich direkt vor der Tür.

GPS 54.65924, 9.93437

Hotdoghavn

Ehemals Annies Kiosk in Kruså/Dänemark. Seit 2017 mit neuem Pächter, unter neuem Namen und etwas verändert, aber an gleicher Wirkungsstätte.

GPS 54.85975, 9.49613

Rasthuus an't Krüz

Klassischer Motorrad-Treffpunkt mit vielen Terrassenplätzen, direkt an der B 202. Besonders beliebt am Wochenende.

GPS 54.28093, 10.27246

Imbiss am Kleinen Plöner See

Beliebter Bikertreff am Ortsausgang von Plön, direkt am Kleinen Plöner See. Riesiger, kostenfreier Parkplatz. Leckere einfache Speisen sowie guter Kuchen.

GPS 54.15227, 10.40282

Chrome-Original American Diner

Biker-Treffpunkt Ostholstein in Lensahn. American Diner mit typischem Angebot. Geöffnet von Dienstag bis Sonntag ab 12 Uhr.

GPS 54.21780, 10.89782

PRAKTISCHES

Interessante und relevante Internetseiten für weitere Informationen:

Offizielle Landesseite Schleswig-Holstein Tourismus.

www.sh-tourismus.de

Offizielle Landesseite Mecklenburg-Vorpommern Tourismus.

www.auf-nach-mv.de

Übersichtsseite über die Region der deutschen Ostseeküste in Schleswig-Holstein und Mecklenburg-Vorpommern.

www.deutscheostseekueste.de

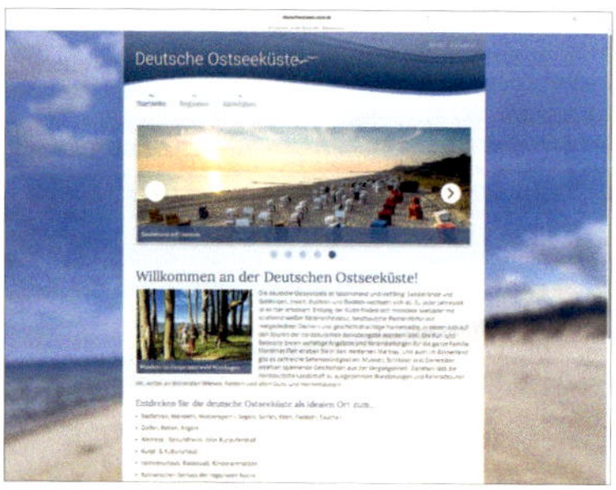

Tourismus-Seite der Ostsee Schleswig-Holsteins. Mit hilfreichen Tipps zu Unterkünften, Aktivitäten und vielem mehr.

www.ostsee-schleswig-holstein.de

Auch hier gibt es jede Menge interessante Informationen rund um die Region der deutschen Ostseeküste.

www.ostsee.de

Eine Seite, die sich nicht nur mit der deutschen, sondern auch mit der polnischen und der russischen Ostsee befasst. Über sie oder klassisch über den Buchhandel erhält man das Buch „Ostseeküste von Lübeck bis Kiel" von Dieter Katz. Auch eines der berühmtesten Brettspiele gibt es dort in der „Ostseeausgabe": das Monopoly „Deutsche Ostseeküste".

www.ostseemagazin.net

Auf dem Blog des Reiseanbieters Kurzurlaub.de ist 2016 ein Eintrag mit dem Titel „Der große Ostsee-Check – Die 30 schönsten Orte an der Ostsee" veröffentlicht worden. 29 Orte haben wir auf unseren Fahrten durchquert oder passiert (nur Schönberg in Holstein nicht). Ebenfalls auf dem Blog erschienen ist der Beitrag „Die 20 schönsten Strände an der Ostsee – Der Strand-Check von West nach Ost". Einige dieser Strände sind auch hier im Reiseführer am Ende jeder Tour beschrieben.

Kurzurlaub.de

Mit neun Ausgaben im Jahr ist „rügen aktuell“ ein touristisch ausgerichtetes Magazin Es berichtet Wissenswertes

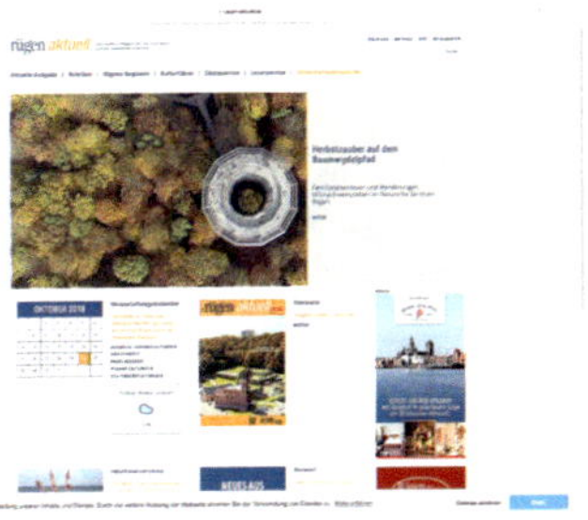

und Neuigkeiten, druckt die wichtigsten Adressen und Telefonnummern ab, gibt Veranstaltungstipps und liefert Informationen zu Gastgebern und Gastronomie auf der Insel Rügen und in der Hansestadt Stralsund.

www.ruegen-aktuell.de

Die Karten sind beidseitig foliert und so gegen Wasser und Verschmutzung geschützt. Reißfest sind sie noch dazu. Außerdem kommen sie in einer handlichen Kunststofftasche, die zusätzlichen Schutz bietet. Durch die Verwendung von Mikrofolie anstelle des sonst üblichen steifen Laminats bleiben die Karten hoch-flexibel und bestens faltbar. Damit lassen sie sich in jeder gewünschten Ansicht etwa im Kartenfach eines Tankrucksacks integrieren. Maßstab der Karten 1:300.000.

ISBN 978-3-937063-18-8

Literatur | Reiseführer | Karten

Weitere Tourenvorschläge gibt es im **TOURENKARTEN SET DEUTSCHLAND NORD-OST** aus dem **TVV TOURISTIK VERLAG**. Das Set besteht aus jeweils acht Tourenkarten und kostet 16,95 Euro. Auf jeder Karte gibt es bis zu fünf verschiedene Tourvorschläge, die auf der Rückseite des Kartenblatts beschrieben sind. Darüber hinaus lassen sich die Karten aber auch bestens als Straßenkarten für die Planung und auch unterwegs benutzen.

Klein und sehr handlich ist die **MOTORRADKARTEN-BOX DEUTSCHLAND NORD-OST** von Biker Betten im **TVV TOURISTIK VERLAG**. Für 9,95 Euro gibt es die ultimative Kartenbox mit acht informativen Papierkarten zu den schönsten Motorrad-Regionen der beiden Inseln. Alle Karten stellen jeweils fünf eingezeichnete und beschriebene Touren vor und weisen natürlich auch auf an den Routen liegende Unterkünften für Motorrad-Reisende hin.

ISBN 978-3-937063-28-7

FOLYMAPS MOTORRADKARTEN DEUTSCHLAND NORD

Das FOLYMAPS Motorradkarten-Set Deutschland Nord besteht aus acht laminierten Tourenkarten, die im perfekten Tourenmaßstab 1:300.000 den Norden Deutschlands abdecken.

Die beidseitig laminierten und bedruckten Einzelblätter geben auf Vorder- und Rückseite jeweils perfekten Überblick über die Strecken der abgebildeten Regionen. Dabei wurde bewusst auf die eingedruckten Routenvorschläge verzichtet. Die Kartenbox Deutschland soll vielmehr als Grundlage fürs eigene Navigieren dienen. Durch das Laminat sind die Karten wetterfest, reißfest sowie mir einem wasserlöslichen Stift beschreibbar. So lassen sich eigene Routen und Anmerkungen eintragen und später wieder entfernen. Kurzum: perfekt für unterwegs!

Da die Karten nicht einfach nur laminiert, sondern stattdessen in weicher Mikrofolie eingeschlossen sind, bleiben sie hochflexibel und sind somit individuell faltbar, sodass sich die Karten problemlos im Kartenfach eines Tankrucksacks verstauen lassen, wo sie jederzeit griffbereit sind.

ISBN 978-3-937063-80-5 EUR 19,95

ISBN 978-3-937063-19-5 EUR 16,95

TOURENKARTEN-SET DEUTSCHLAND NORD-OST

Die FOLYMAPS Tourenkarten-Sets im Maßstab 1:300.000 sind ein echtes Must-have für jeden, der gerne „on Tour“ ist.

Das Set besteht aus insgesamt acht Tourenkarten und weist bis zu fünf verschiedene Tourenvorschläge zur jeweiligen Region auf, die auf der Rückseite der Karten ausführlich beschrieben sind. Auch zahlreiche motorradfreundliche Hotels sind auf der Rückseite zu finden und ersparen dem oder den Reisenden damit die lange Suche nach einer Übernachtungsmöglichkeit während der Tour.

Die Karten erweisen sich nicht nur bei der Planung als starke Helfer. Sie trotzen dank ihrer Folierung, Schmutz, Dreck und Wasser und sind somit bestens geschützt. Zudem sind sie hochflexibel und somit individuell faltbar, sodass sie sich problemlos im Kartenfach eines Tankrucksacks verstauen lassen.

Geliefert werden die Tourkarten-Sets in einer sehr handlichen Kunststofftasche, die zusätzlichen Schutz vor äußeren Einflüssen bietet.

BIKER-WEEKENDS DEUTSCHLAND

ISBN 978-3-937063-50-8 EUR 22,95

Getreu Goethes Motto „Warum in die Ferne schweifen, wo doch das Gute liegt so nah …“, erreicht Deutschland schon seit Jahren Spitzenwerte als (Motorrad-) Reiseziel. Das eigene Land ist und bleibt das mit Abstand beliebteste Urlaubsziel.

In 15 der spannendsten heimischen Regionen sind jeweils drei Touren, die sich perfekt als lohnenswerte Motorradwochenenden aneinanderfügen lassen, zusammengestellt. Es sind nicht irgendwelche Strecken, sondern die Insidertipps ausgewählter BikerBetten-Partner. Deren Häuser sind nicht nur jeweils Start- und Zielpunkt für die beschriebenen Routen, sondern auch perfekt auf die Ansprüche Motorradfahrender Gäste ausgerichtet.

Jeweils 3 ausführliche beschriebene Motorradtouren zum Nachfahren in 15 der spannendsten Regionen Deutschlands. Individuell zusammenstellbar für das Motorradwochenende – oder auch die Tour unter der Woche – mit:

- vielen Insidertipps des Autoren
- ausführlichem Kartenmaterial mit eingezeichneter Route
- praktischen Hinweisen zu Streckenlänge, Etappen, Charakteristik und den beliebtesten Attraktionen – nicht nur für Motorradfans
- Hotels, die sich auf Motorradfahrende Gäste freuen
- GPS-Daten zum Download

ALLGÄU

Im prachtvollen Zentrum Immenstadts reiht sich ein historisches Bauwerk ans ndere.

10

Kleiner Grenzverkehr

Tour 1

Klarer Fall – wer mit dem Motorrad ins Allgäu fährt, kommt nicht zum gemütlichen Cruisen. Kurven müssen her. Und Pässe. Je mehr desto besser. Deshalb sollte man keine Zeit vertrödeln und sofort am ersten Tag des Allgäu-Wochenendes, dem Freitag, mit dem vollen Programm beginnen: Kurven, Kehren, Schräglagen. Quasi als „Appetizer“ für die kommenden beiden Tage. Perfekt dafür eignet sich die Runde diesseits und jenseits der Grenze zwischen Sonthofen und dem Bodensee. Kernige Motorradsträßchen wechseln sich ab mit ruhigen Zwischenetappen, auf denen auch die Kultur nicht zu kurz kommt.

Zeit zum Wachwerden bleibt nicht, denn gleich hinter Balderschwang geht es zur Sache – die Riedbergstraße windet (oder besser gesagt: zackt) sich hinauf bis auf 1420 Meter Höhe. Das gleiche Spiel auf der Abfahrt. Mein lieber Mann, da ist das Frühstück ganz schnell verdaut!

Noch mit klopfendem Herzen rollen wir hinterher durch den Wintersportort Sonthofen, dessen alte Bausubstanz im Zweiten Weltkrieg fast vollständig zerstört wurde, da die dort stationierten Gebirgsjäger ein Dauerziel alliierter Bombenangriffe waren. Von Immenstadt steht glücklicherweise noch fast alles, was beim Durchqueren der alten Tuchmacherstadt gut zu sehen ist: Ein historisches Bauwerk steht am anderen, besonders zu erwähnen sind die Pfarrkirche, das Rathaus und das Stadtschloss.

Glanzstück Immenstadts ist jedoch der Alpsee. Wie ein dunkelblauer Tin-

Das Zentrum von Immenstadt bietet sich für Pausen an.

11

MALLORCA

Der Deutschen liebste Insel wird mitunter scherzhaft auch als 17. Bundesland bezeichnet. Doch erst abseits des berühmt-berüchtigten Ballermanns zeigt die größte Balearen-Insel, was wirklich in ihr steckt.

Mallorca ist von dem breiten Gebirgszug Serra de Tramuntana durchzogen. Wer sich dort auf die kleinen Straßen wagt, wird mit schwindelerregenden Kurven belohnt. Die Hügellandschaft Serra de Lievant ist deutlich niedriger, deshalb aber nicht weniger spektakulär, und auch die Täler im Inselinneren begeistern Motorradreisende mit ihren meisterlich angelegten Kurvenstraßen.

Acht ausführliche beschriebene Motorradtouren zum Nachfahren für den Kurztripp oder die längere Reise mit:

- vielen Insidertipps des Autors
- ausführlichem Kartenmaterial mit eingezeichneter Route
- praktischen Hinweisen zu Streckenlänge, Etappen, Charakteristik und den beliebtesten Attraktionen – nicht nur für Motorradfans
- Hotels, die sich auf Motorradfahrende Gäste freuen
- GPS-Daten zum Download

ISBN 978-3-937063-51-5 EUR 22,95

ISBN 978-3-937063-53-9 EUR 22,95

SARDINIEN

In eurem Motorradurlaub möchtet Ihr euch so richtig schwindelig fahren? Dann seid Ihr in dieser Region mehr als perfekt aufgehoben. Ganz egal, wohin man von einer schmalen Départementstraße in die nächste abbiegt:

Hinter jeder Ecke warten berauschende Kurven, griffiger Asphalt und einzigartige Naturspektakel.

Hinzu kommen einige der höchsten befahrbaren Straßenpässe Europas sowie die legendäre Alpenstraße Route des Grandes Alpes.

Zehn ausführlich beschriebene Motorradtouren zum Nachfahren für einen Kurztrip oder die längere Reise mit

- vielen Insidertipps des Autoren
- ausführlichem Kartenmaterial mit eingezeichneter Route
- praktischen Hinweisen zu Streckenlänge, Etappen, Charakteristik und den beliebtesten Attraktionen – nicht nur für Motorradfans
- Hotels, die sich auf Motorradfahrende Gäste freuen
- GPS-Daten zum Download.

ISBN 978-3-937063-49-2 EUR 22,95

FJORD-NORWEGEN

Die zerklüftete Küste im Südwesten Norwegens wird von den namensgebenden Fjorden, aber auch mächtigen Bergen sowie von Gletschern und hunderten von Wasserfällen geprägt – es ist eine Spielwiese par excellence für alle Motorradfahrer!

Obwohl die Höhe des zentralen Gebirges kaum die 1500-Meter-Marke erreicht, prägt sich dem Reisenden ein Landschaftsbild von hochalpinem Charakter ein. Auf dem Motorrad zu entdecken gibt es abwechslungsreiche Nationalparks, die sich durch dramatische Landschaften erstrecken, sowie einzigartige, von Menschenhand erschaffene Attraktionen.

Zehn ausführlich beschriebene Motorradtouren zum Nachfahren für einen Kurztrip oder die längere Reise mit:

- vielen Insidertipps des Autoren
- ausführlichem Kartenmaterial mit eingezeichneter Route
- praktischen Hinweisen zu Streckenlänge, Etappen, Charakteristik und den beliebtesten Attraktionen – nicht nur für Motorradfans
- Hotels, die sich auf Motorradfahrende Gäste freuen
- GPS-Daten zum Download.

PYRENÄEN

Wie eine gewaltige Mauer trennen die Pyrenäen die iberische Halbinsel vom restlichen Europa ab. Wer vom Mittelmeer aus in das Gebirge fährt, kann sich ganz allmählich in eine Landschaft vortasten, die noch viel mehr zu bieten hat als Gipfel und Grate. Dieses Hochgebirge zwischen Frankreich und Spanien bietet eine Vielzahl von unberührten Strecken auf unterschiedlichsten Höhenmetern. Eine Landschaft, die das Motorradfahrerherz jubilieren lässt!

Zehn ausführlich beschriebene Motorradtouren zum Nachfahren für den Wochenendausflug oder die längere Reise mit:

- vielen Insidertipps des Autoren
- ausführlichem Kartenmaterial mit eingezeichneter Route
- praktischen Hinweisen zu Streckenlänge, Etappen, Charakteristik und den beliebtesten Attraktionen – nicht nur für Motorradfans
- Hotels, die sich auf Motorradfahrende Gäste freuen
- GPS-Daten zum Download

ISBN 978-3-937063-36-2 EUR 22,95

KORSIKA

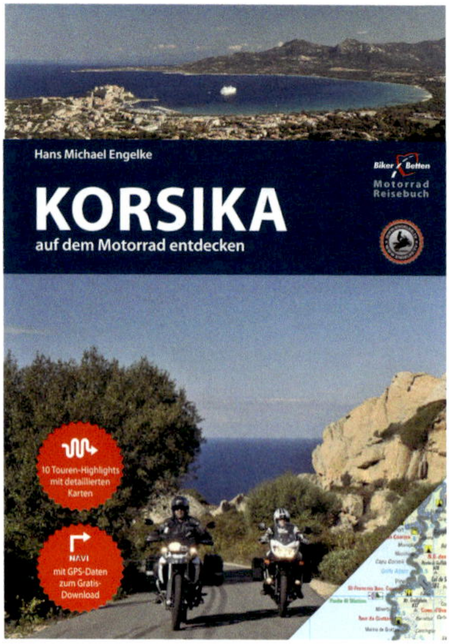

Die französische Mittelmeerinsel verfügt nicht nur über einen politischen Sonderstatus, sondern auch über eine landschaftliche Vielfalt, die ihresgleichen sucht. Auf nur gut 9.000 Quadratkilometern präsentiert sie sich als Paradies für kurvenhungrige Motorradreisende. Man findet hier bestens ausgebaute Küstenstraßen mit atemberaubenden Ausblicken aufs Meer und im Landesinneren endlose Serpentinen in den Hochgebirgen. Jeder Meter wird auf Korsika zum reinsten Fahrvergnügen…!

Zehn ausführlich beschriebene Motorradtouren zum Nachfahren für einen Kurztrip oder die längere Reise mit:

- vielen Insidertipps des Autoren
- ausführlichem Kartenmaterial mit eingezeichneter Route
- praktischen Hinweisen zu Streckenlänge, Etappen, Charakteristik und den beliebtesten Attraktionen – nicht nur für Motorradfans
- Hotels, die sich auf Motorradfahrende Gäste freuen
- GPS-Daten zum Download.

ISBN 978-3-937063-38-6 EUR 22,95

FRANZÖSISCHE ALPEN

In eurem Motorradurlaub möchtet Ihr euch so richtig schwindelig fahren? Dann seid Ihr in dieser Region mehr als perfekt aufgehoben. Ganz egal, wohin man von einer schmalen Départementstraße in die nächste abbiegt:

Hinter jeder Ecke warten berauschende Kurven, griffiger Asphalt und einzigartige Naturspektakel.

Hinzu kommen einige der höchsten befahrbaren Straßenpässe Europas sowie die legendäre Alpenstraße Route des Grandes Alpes.

Zehn ausführlich beschriebene Motorradtouren zum Nachfahren für einen Kurztrip oder die längere Reise mit:

- vielen Insidertipps des Autoren
- ausführlichem Kartenmaterial mit eingezeichneter Route
- praktischen Hinweisen zu Streckenlänge, Etappen, Charakteristik und den beliebtesten Attraktionen – nicht nur für Motorradfans
- Hotels, die sich auf Motorradfahrende Gäste freuen
- GPS-Daten zum Download.

ISBN 978-3-937063-36-2 EUR 22,95

ISBN 978-3-937063-37-9 EUR 22,95

KROATIEN

Die blau-schimmernde Adria ist schon seit Jahrzehnten einer der Sehnsuchtsorte deutscher Urlauber. Mittlerweile hat sich herumgesprochen, dass Kroatien auch ein mehr als perfektes Bike-Revier bietet.

So kann man von der Jadranska Magistrale, der noch zu Titos Zeiten angelegten Küstenstraße, auf fast 1.000 Kilometern von Norden nach Süden cruisen – gerne mit Inselhopping auf die eine oder andere der angeblich mehr als 1.000 Eilande des Landes. Dazu kommt das spannende Hinterland mit grandiosen Serpentinenstraßen und spektakulären Nationalparks.

Zehn ausführlich beschriebene Motorradtouren zum Nachfahren für einen Kurztrip oder die längere Reise mit:

- vielen Insidertipps des Autoren
- ausführlichem Kartenmaterial mit eingezeichneter Route
- praktischen Hinweisen zu Streckenlänge, Etappen, Charakteristik und den beliebtesten Attraktionen – nicht nur für Motorradfans
- Hotels, die sich auf Motorradfahrende Gäste freuen
- GPS-Daten zum Download.

SLOWENIEN

Das kleine Land an der Schnittstelle von Alpen und Adria wird von Motorradreisenden meist schmählich ignoriert. Wenn überhaupt nutzt man es als Transitstrecke auf den weiteren Weg gen Süden. Dies ist ein großer Fehler!

Mit seiner landschaftlichen Vielfalt muss sich Slowenien vor seinen größeren Nachbarn keinesfalls verstecken. Zu entdecken sind nicht nur wilde Flusslandschaften, sondern auch tolle Passstraßen: Achterbahnfahren ist im Vergleich dazu ein Kinderspiel.

Zehn ausführlich beschriebene Motorradtouren zum Nachfahren für den Wochenendausflug oder die längere Reise mit:

- vielen Insidertipps des Autoren
- ausführlichem Kartenmaterial mit eingezeichneter Route
- praktischen Hinweisen zu Streckenlänge, Etappen, Charakteristik und den beliebtesten Attraktionen – nicht nur für Motorradfans
- Hotels, die sich auf Motorradfahrende Gäste freuen
- GPS-Daten zum Download

ISBN 978-3-937063-36-2 EUR 22,95

DOLOMITEN TRENTINO GARDASEE

Die meisten Motorradfahrer bekommen sofort das gewisse Leuchten in den Augen, sobald sie von diesen Begriffen hören – schließlich verbindet man mit ihnen Spaß mit dem Motorrad auf traumhaften Bergstrecken, herausfordernden Serpentinen, beeindruckenden Gebirgspässen und in großartigen Landschaften. Nur wenige Ecken Europas präsentieren so viele Highlights derart geballt wie diese ganz im Norden des italienischen Stiefels. Aber es sind nicht nur die fantastischen Motorradstrecken, die einen locken: Auch das kulturelle Angebot ist beinahe unvergleichlich.

Zehn ausführlich beschriebene Motorradtouren zum Nachfahren für einen Kurztrip oder die längere Reise mit:

- vielen Insidertipps des Autoren
- ausführlichem Kartenmaterial mit eingezeichneter Route
- praktischen Hinweisen zu Streckenlänge, Etappen, Charakteristik und den beliebtesten Attraktionen – nicht nur für Motorradfans
- Hotels, die sich auf Motorradfahrende Gäste freuen
- GPS-Daten zum Download.

ISBN 978-3-937063-41-6 EUR 22,95

ISBN 978-3-937063-48-5 EUR 22,95

PIEMONT LIGURIEN TOSKANA

Diese drei im Nordwesten Italiens befindlichen Regionen haben nicht nur eine gemeinsame Geschichte, sondern bieten in Kombination auch ein perfektes Revier für ausgedehnte Motorradtouren. So werden die Landschaften von den Ausläufern der Alpen, des Apennin sowie der Po-Ebene geprägt. Kurvenfeuerwerke sind damit in teils noch stattlichen Höhen garantiert. Aber auch Küstenstraßen mit Blick auf das Ligurische Meer sowie einladende Routen durch Weinberge und unzählige mittelalterliche Städte mit viel Kultur können das Bikerherz begeistern.

Zehn ausführlich beschriebene Motorradtouren zum Nachfahren für einen Kurztrip oder die längere Reise mit:

- vielen Insidertipps des Autoren
- ausführlichem Kartenmaterial mit eingezeichneter Route
- praktischen Hinweisen zu Streckenlänge, Etappen, Charakteristik und den beliebtesten Attraktionen – nicht nur für Motorradfans
- Hotels, die sich auf Motorradfahrende Gäste freuen
- GPS-Daten zum Download.

1. Auflage 2019 | © 2019

HERAUSGEBER

TVV Touristik-Verlag GmbH | Werner Henschel Str. 2 | D-34233 Fuldatal-Ihringshausen
Tel.: +49 - (0) 561/400 85 - 0 | Fax: +49 - (0) 561/400 85 - 21
info@bikerbetten.de | www.bikerbetten.de

Vertretungsberechtigter Geschäftsführer: Peter Schmitz
Registergericht: Kassel | Registernummer: 13254
Umsatzsteuer-Identifikationsnummer gemäß § 27 a Umsatzsteuergesetz: DE813611060

REDAKTION Werner Kirchhoff, Victoria Kuhn, Peter Zander, Dipl. Med. Gabriela Erdmann, Isabel Wodrig, Jürgen Grieschat

FOTOS

ADDI creare-imagos (Umschlag, 2, 8, 9, 10, 11, 12, 13, 14, 15, 17, 2x18, 2x19, 20, 2x21, 22, 26, 2x27, 28, 2x29, 30, 2x31, 2x32, 33, 2x34, 36, 2x40, 2x41, 2x42, 43, 45, 46, 2x47, 48, 52, 56, 2x57, 2x58, 60, 61, 2x62, 63, 2x64, 67, 2x70, 71, 2x72, 73, 2x74, 2x75, 76, 77, 78, 81, 82, 2x86, 87, 2x88, 89, 90, 2x91, 92, 94, 95, 96, 100, 2x101, 102, 103, 104, 105, 2x106, 2x107, 108, 111, 114, 2x115, 116, 117, 2x118, 2x119, 2x120, 121, 122, 124, 125, 126, 2x130, 131, 132, 133, 2x134, 2x135, 136, 2x137, 138, 140, 2x145, 2x146, 2x147, 148, 149, 2x150, 152, 160, 161, 162, 163, 2x164, 2x165, 168, 169, 2x170, 171, 2x172, 2x173, 174, 2x175, 176, 178, 179) –André Geschweng farbspielfotografie.de (148) – Jürgen Grieschat (2) – Franz Kirchhoff (16, 80, 176) – Franz Kirchhoff (76, 144, 154, 158, 159, 160, 2x166, 176) – Werner Kirchhoff (102, 104, 105, 163, 172) – Merten Wachs (50) – Peter Zander (2)

UMSCHLAGGESTALTUNG TVV Touristik-Verlag GmbH

KARTENBASIS © Kunth Verlag GmbH & Co. KG

ROUTEN Werner Kirchhoff, Victoria Kuhn, Norbert Ilchmann, Horst und Oliver Lipsius

PRODUKTION MoTourMedia, Wuppertal

LEKTORAT Text-o-Pix, Wuppertal

DRUCK UND WEITERVERARBEITUNG Silber Druck oHG, 34266 Niestetal

Die GPS-Daten gibt es zum kostenlosen Download auf **bikerbetten.de**

ISBN 978-3-937063-54-6

WWW.BIKERBETTEN.DE